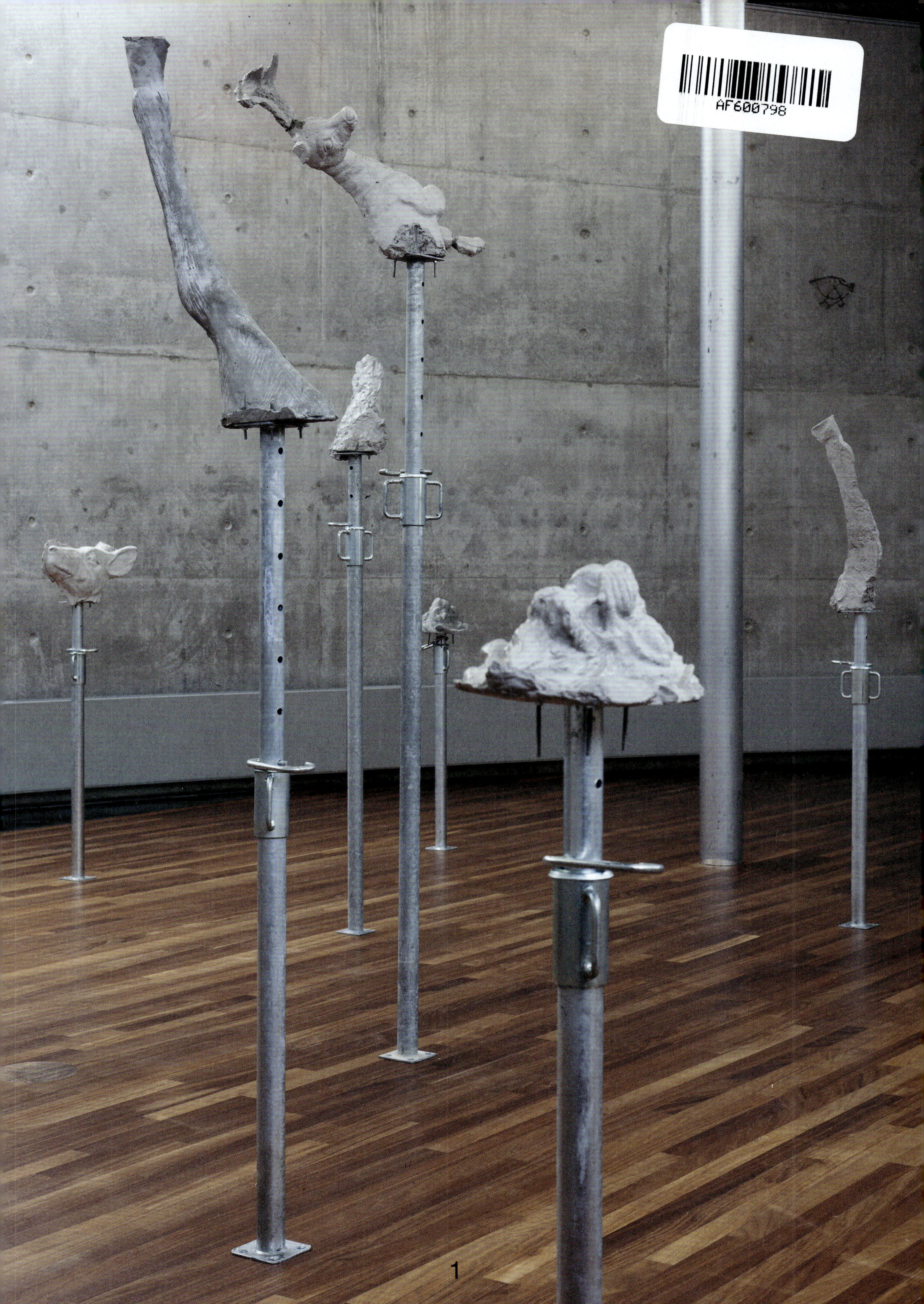

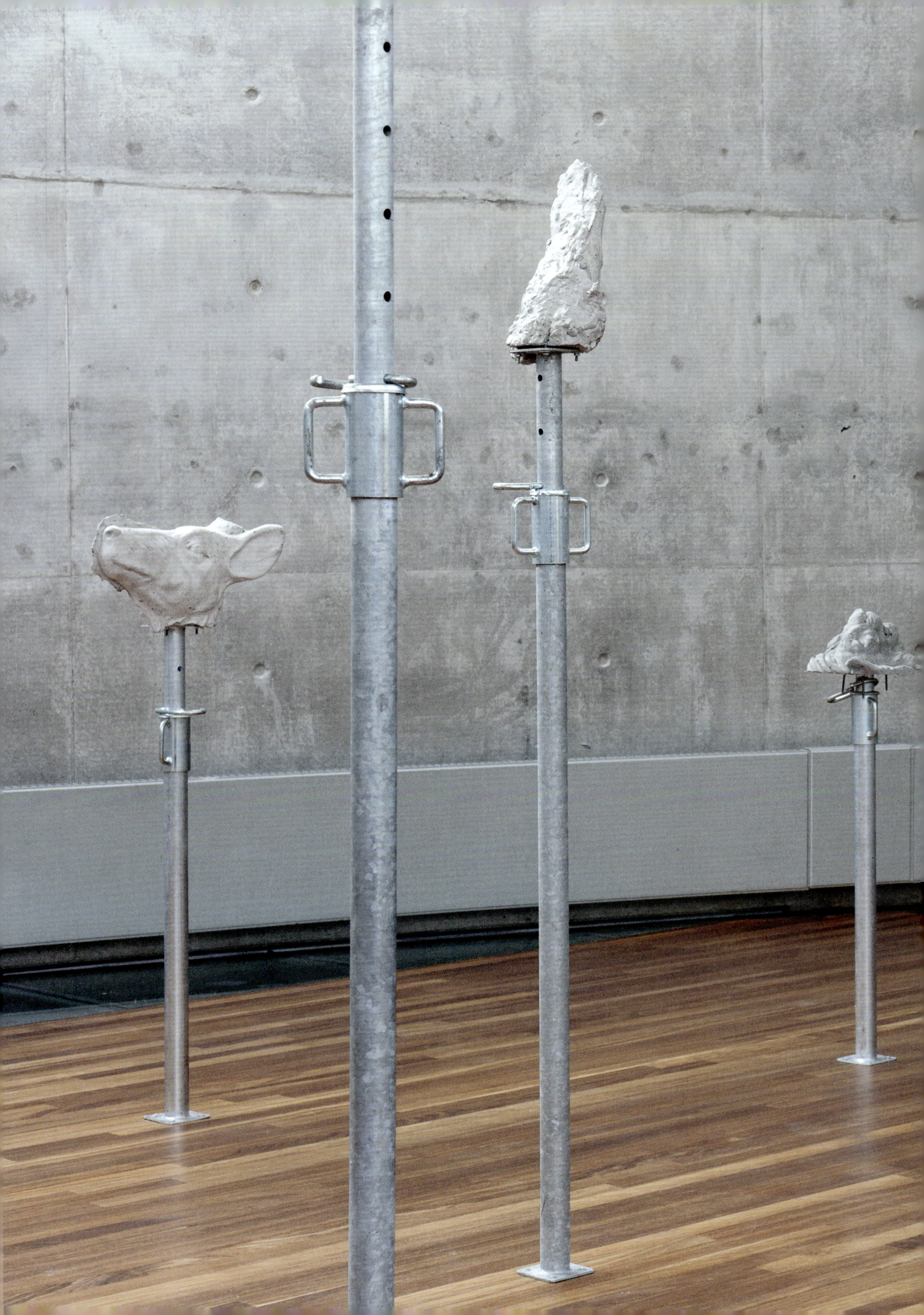

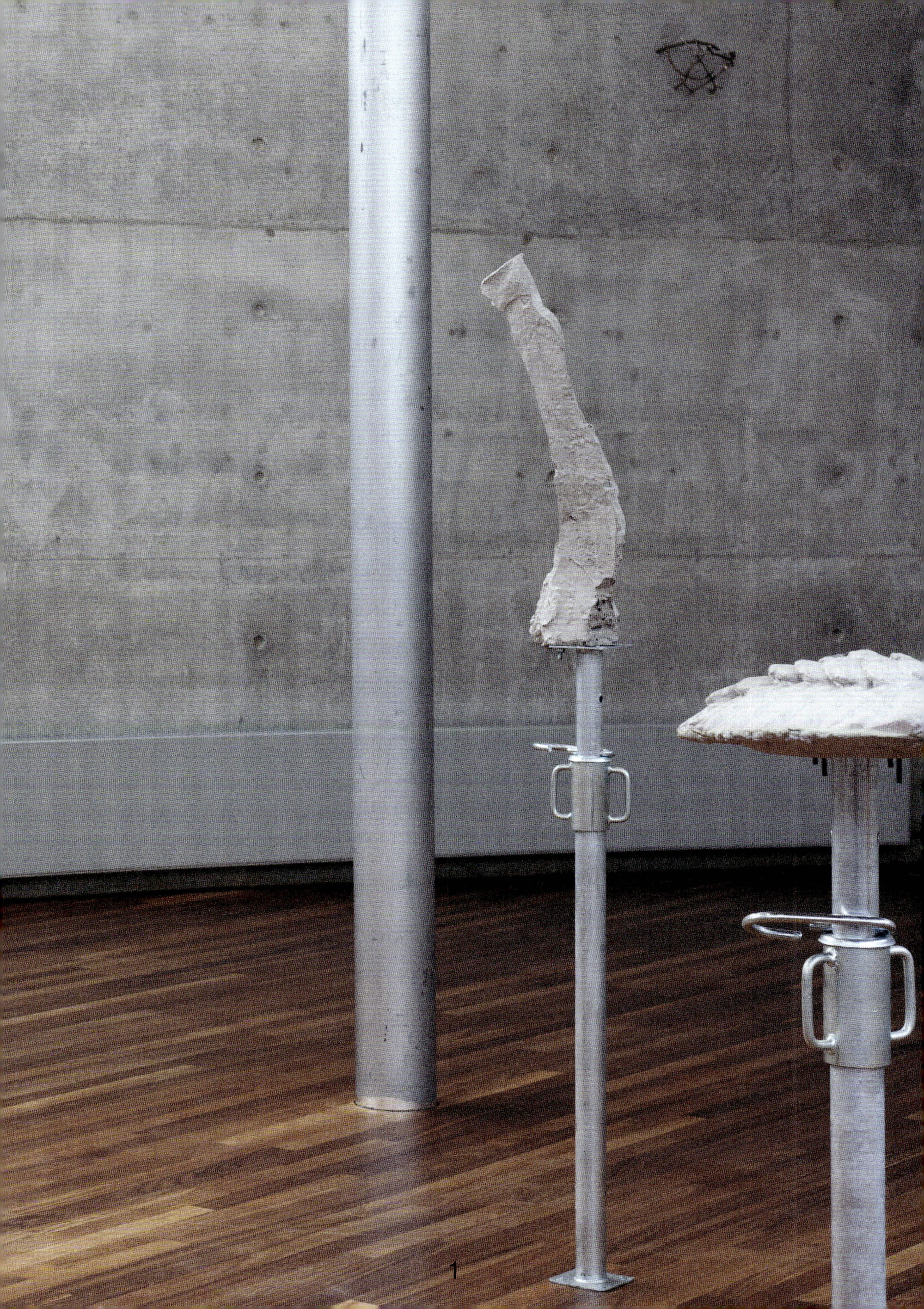

1

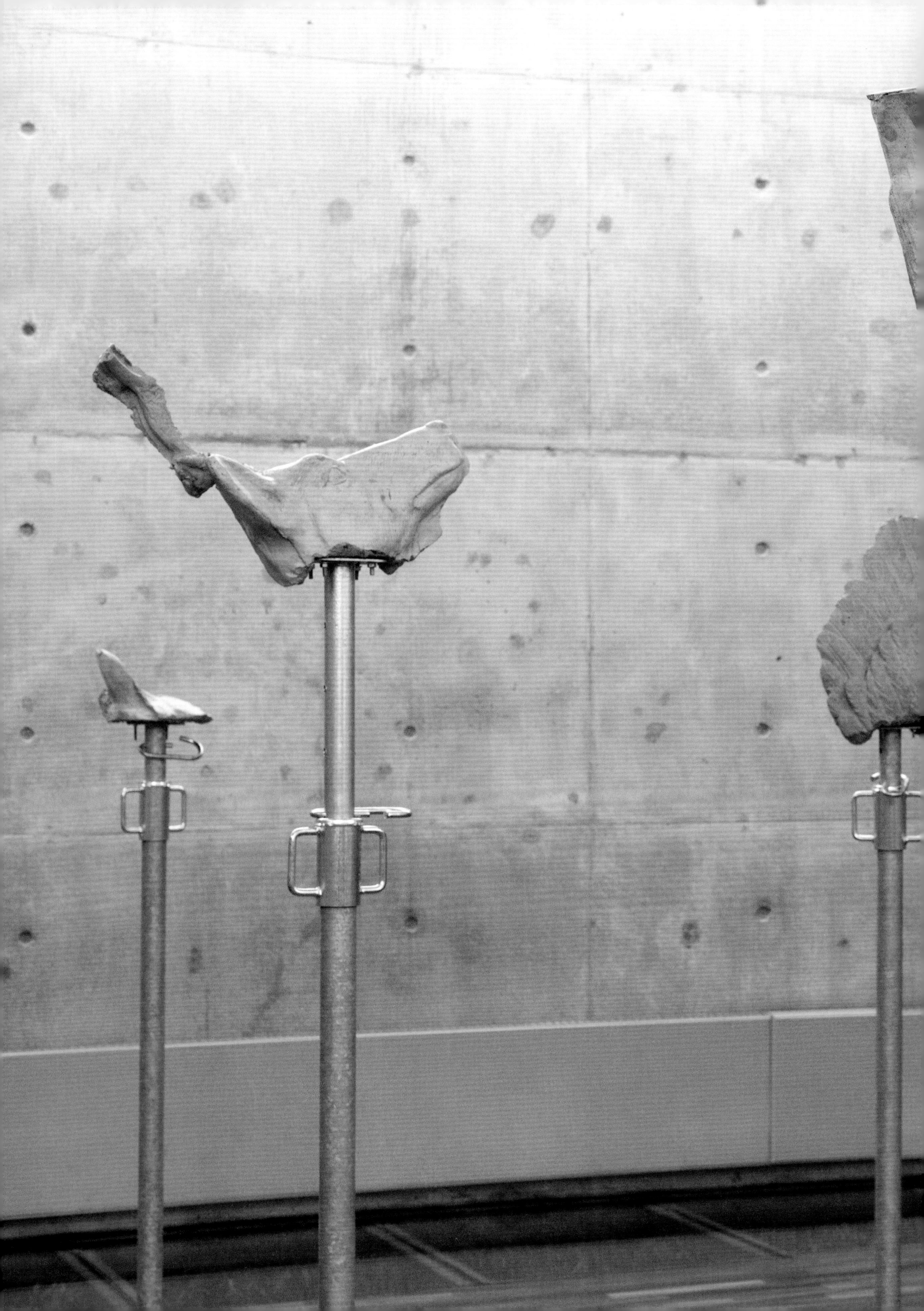

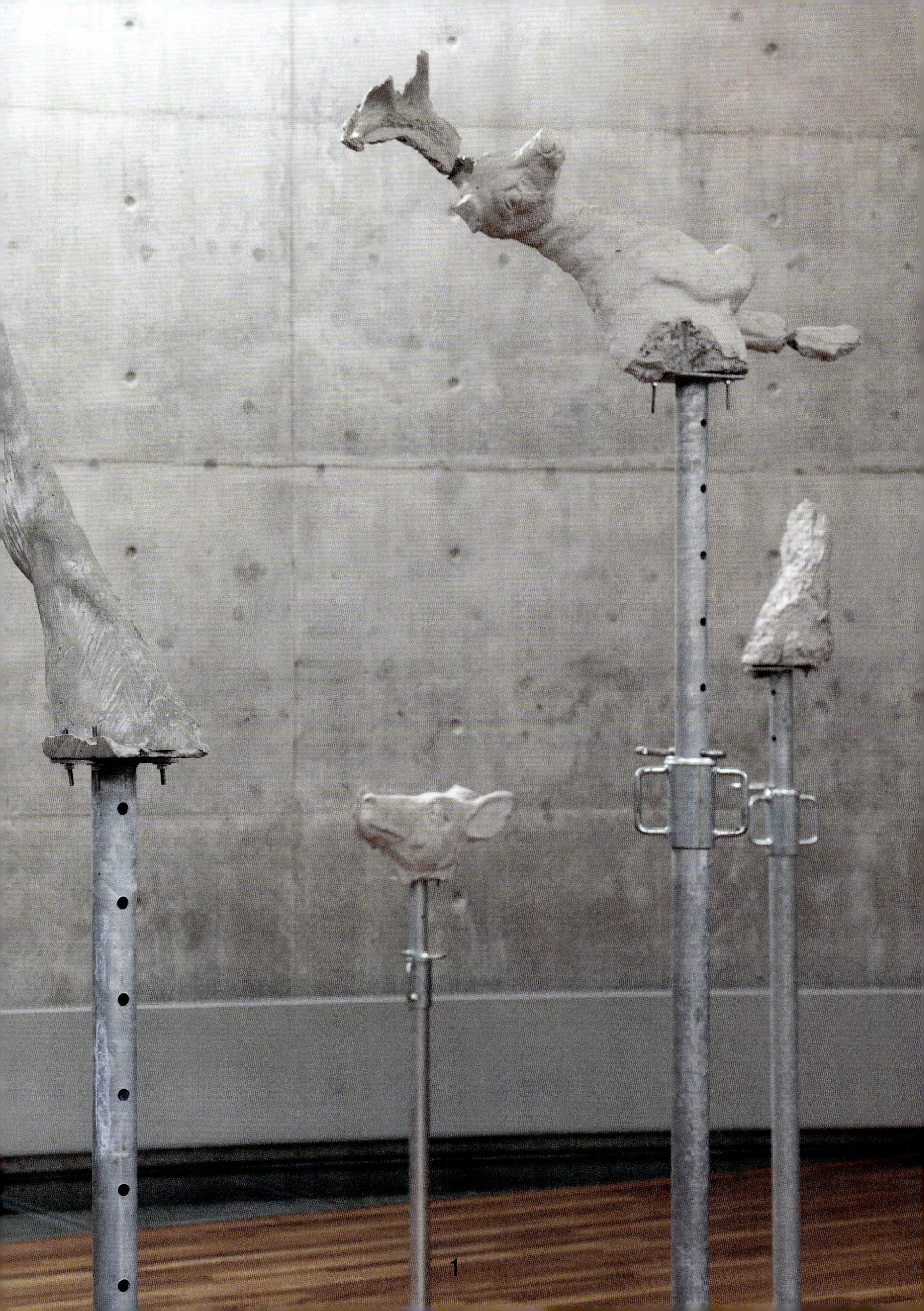

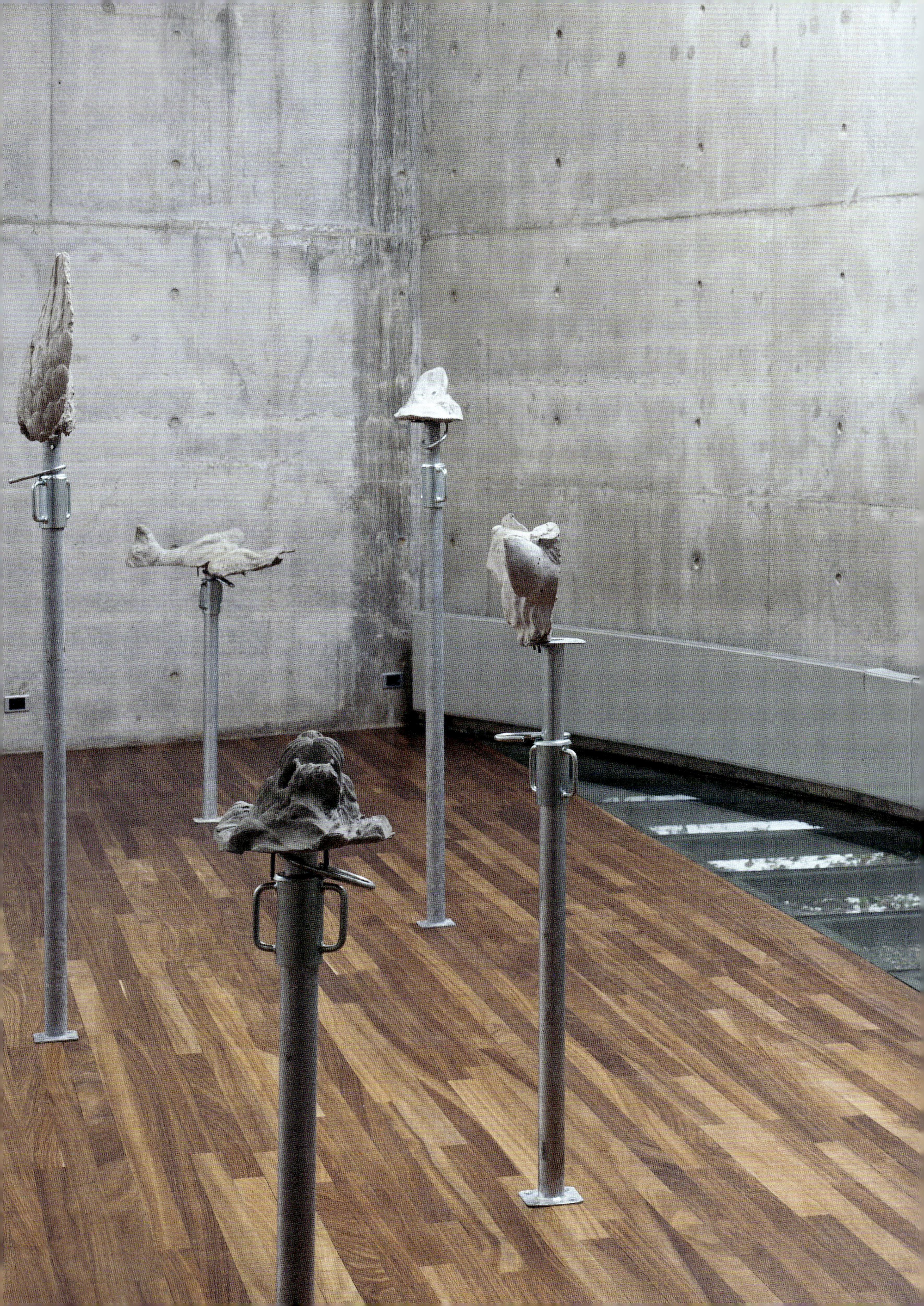

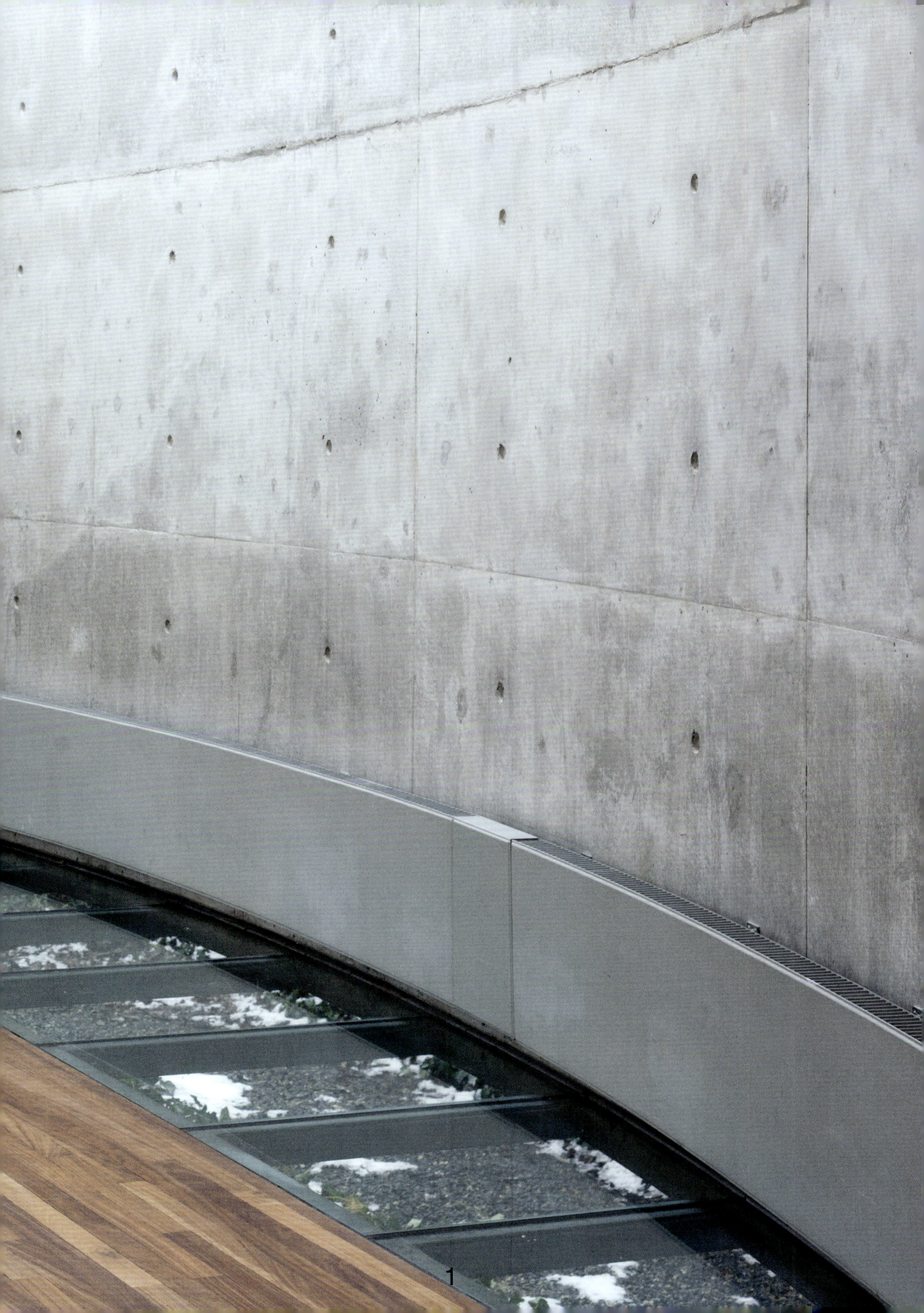

1

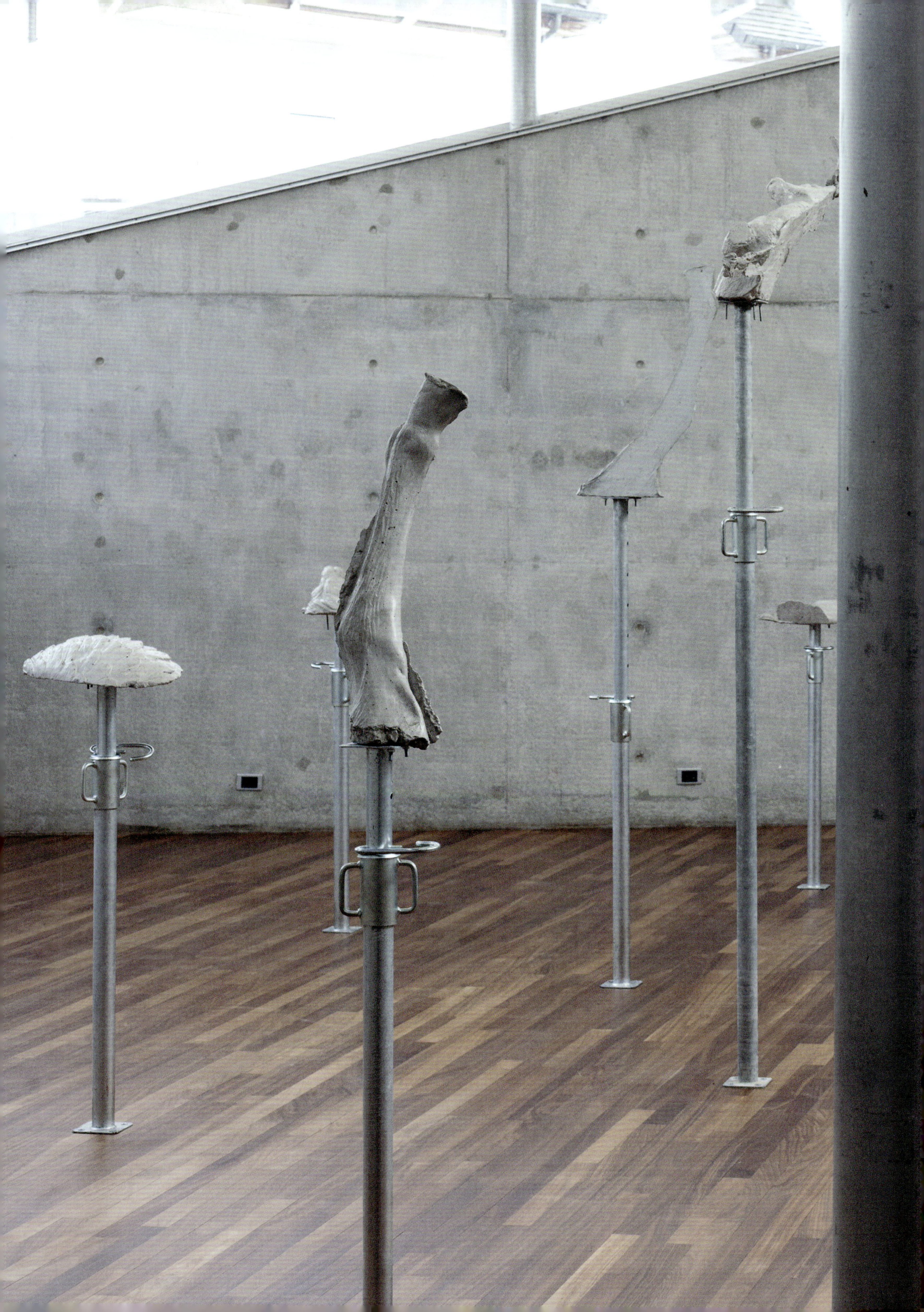

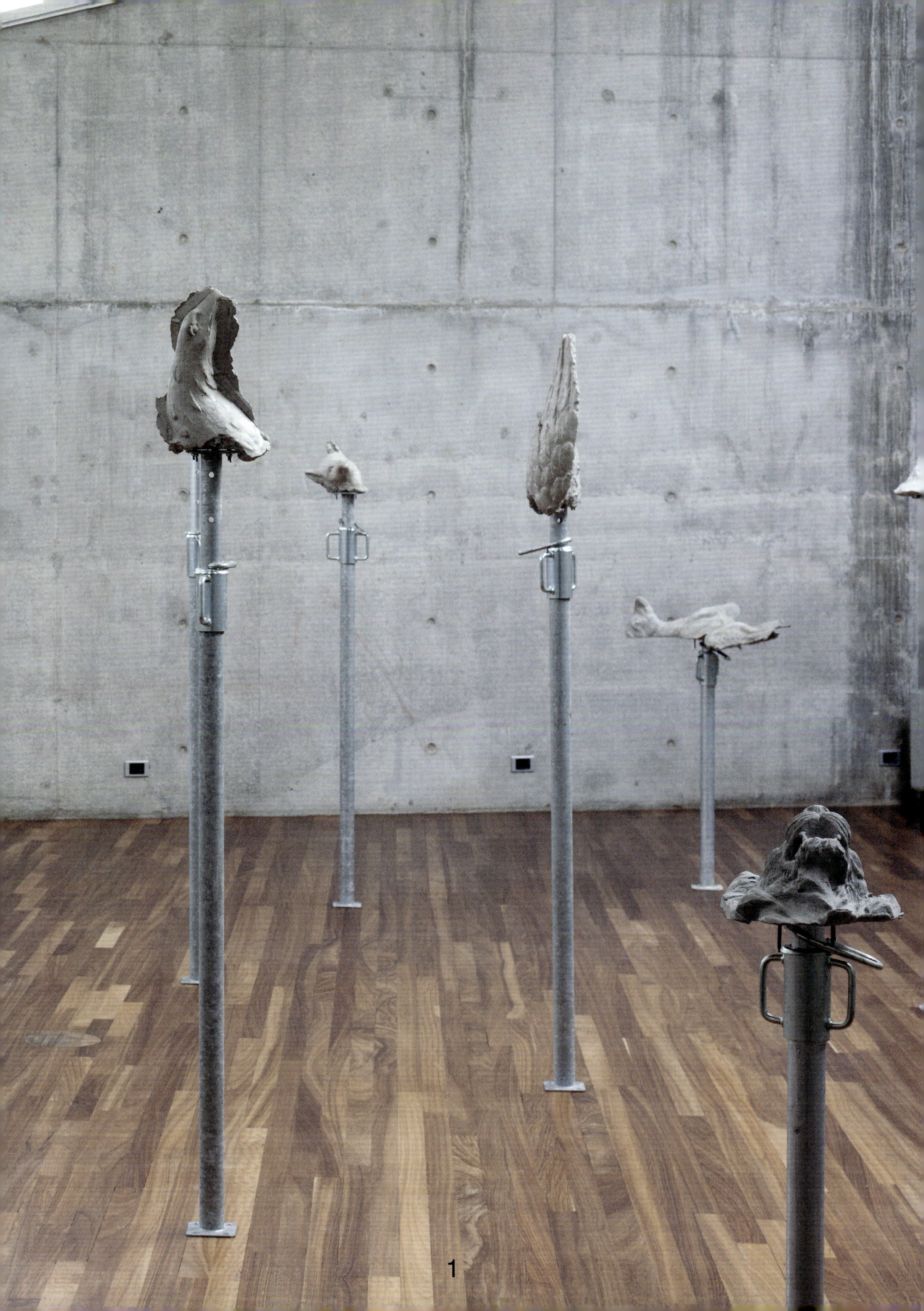

1

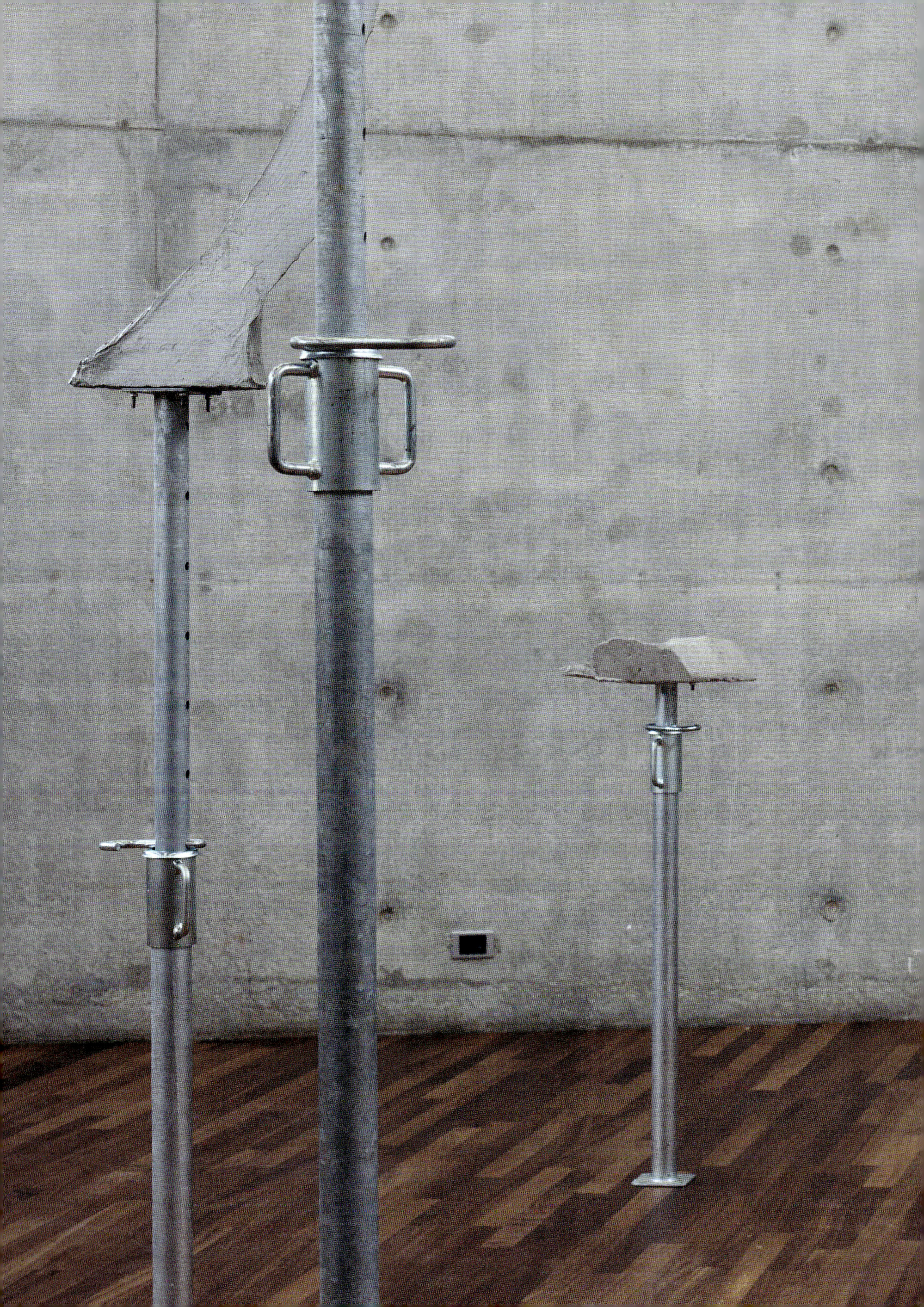

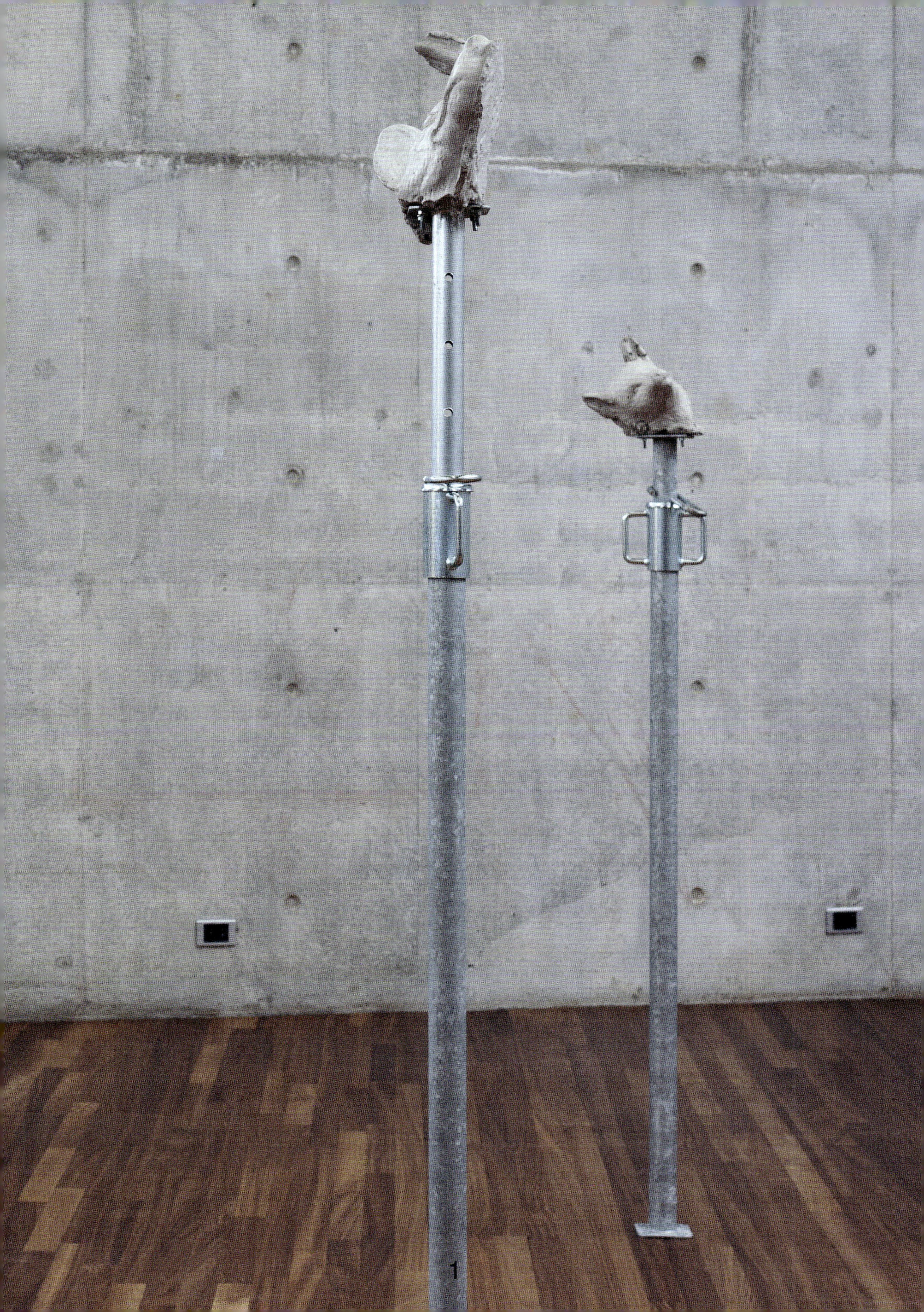

1

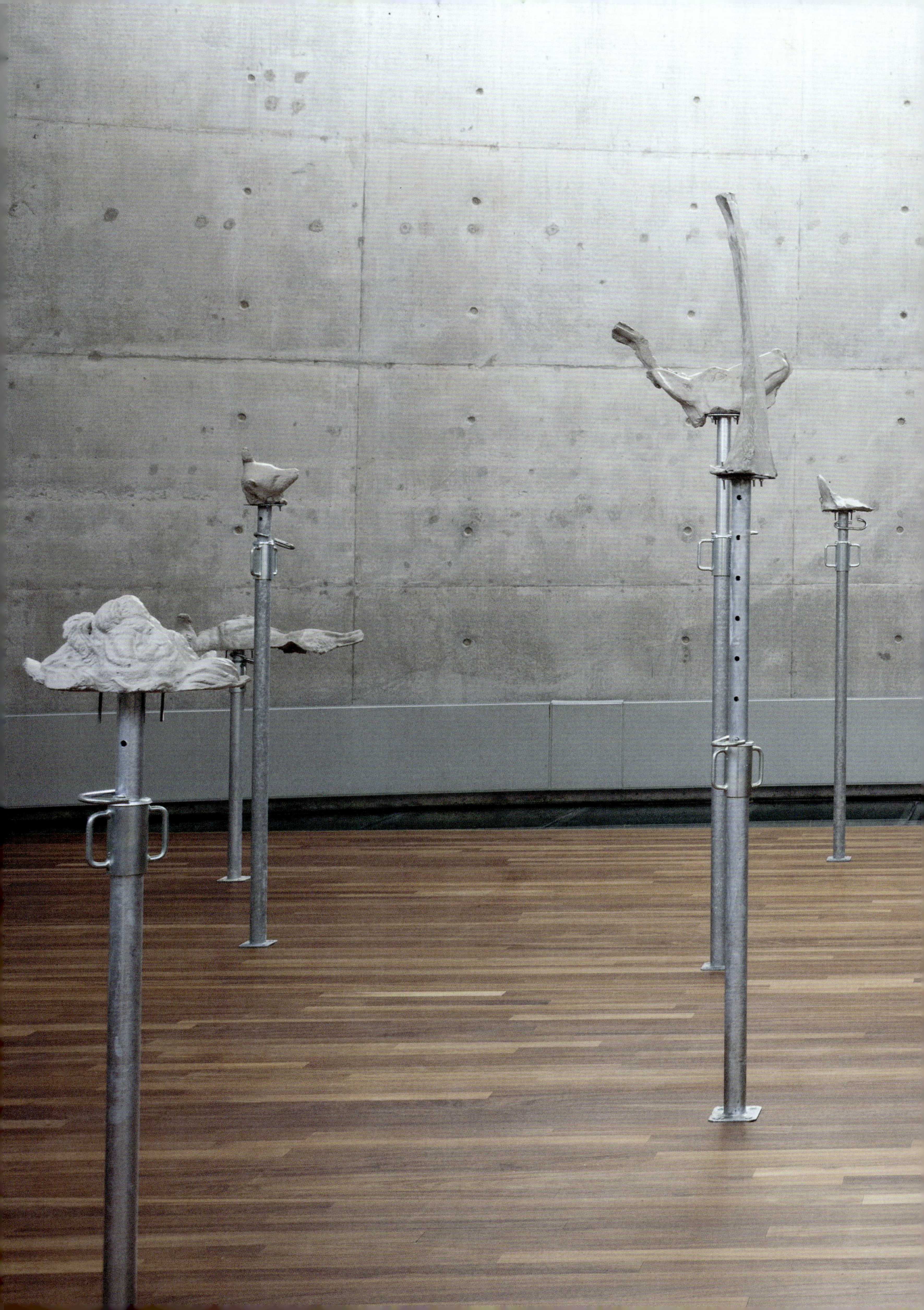

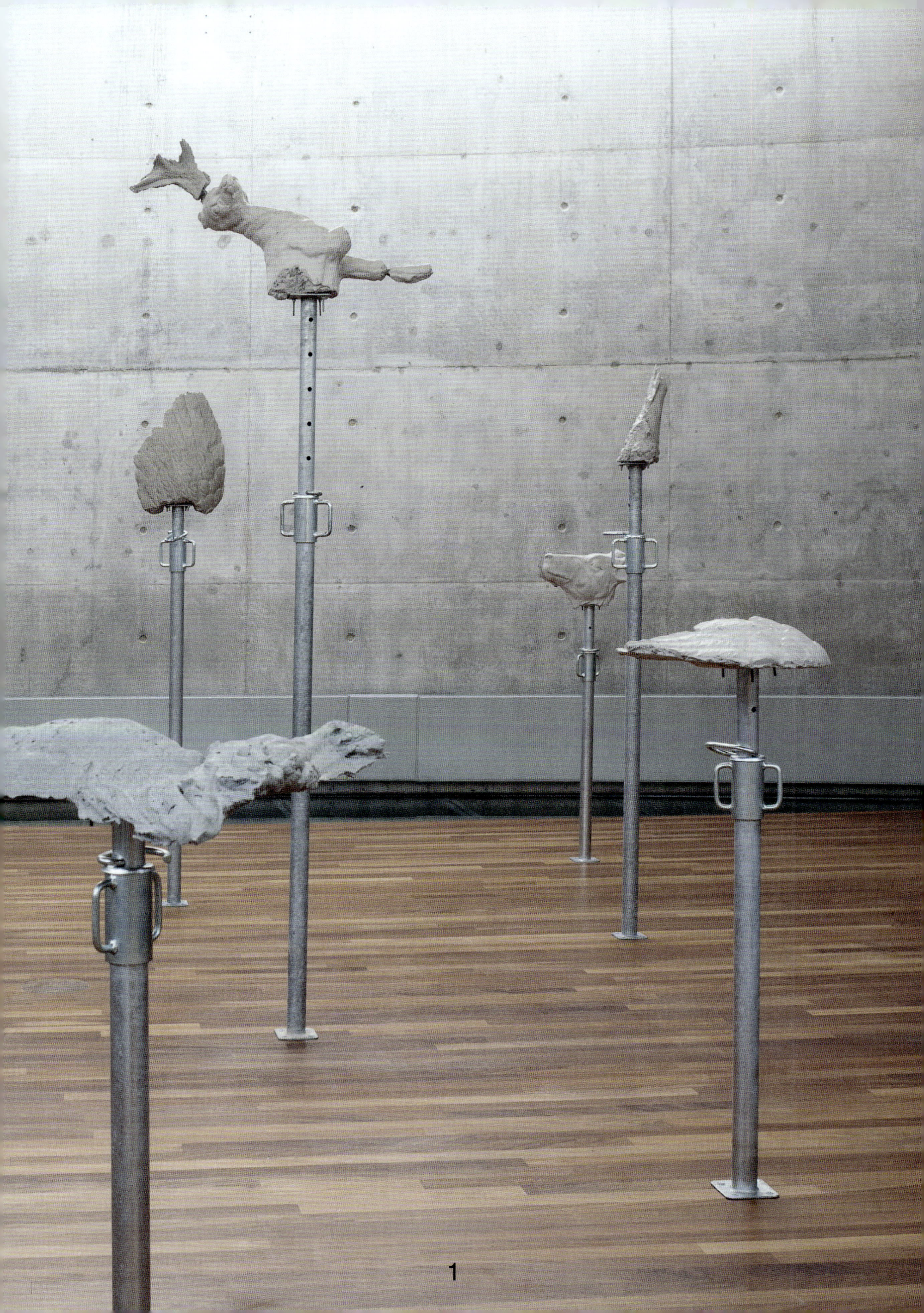

1

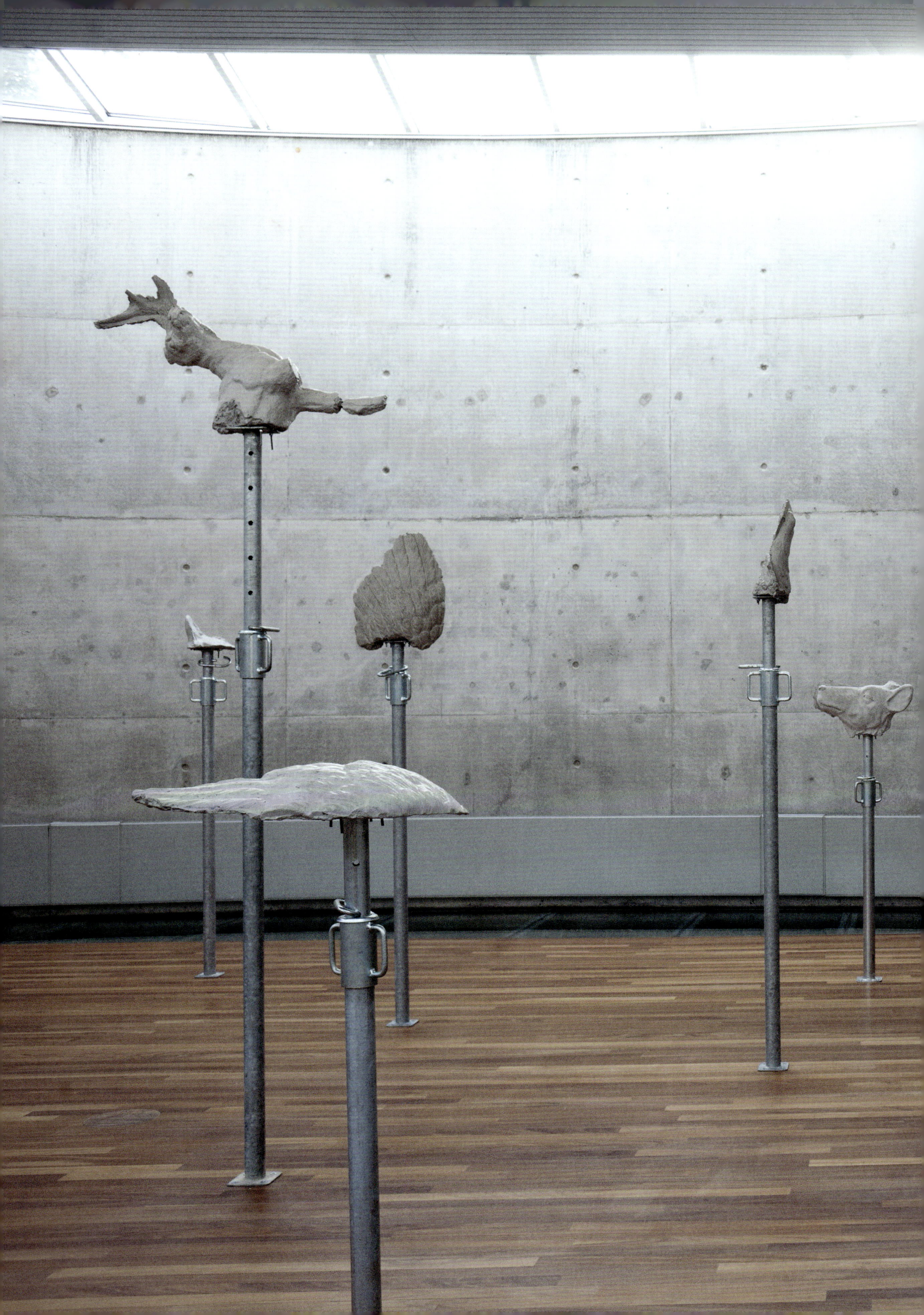

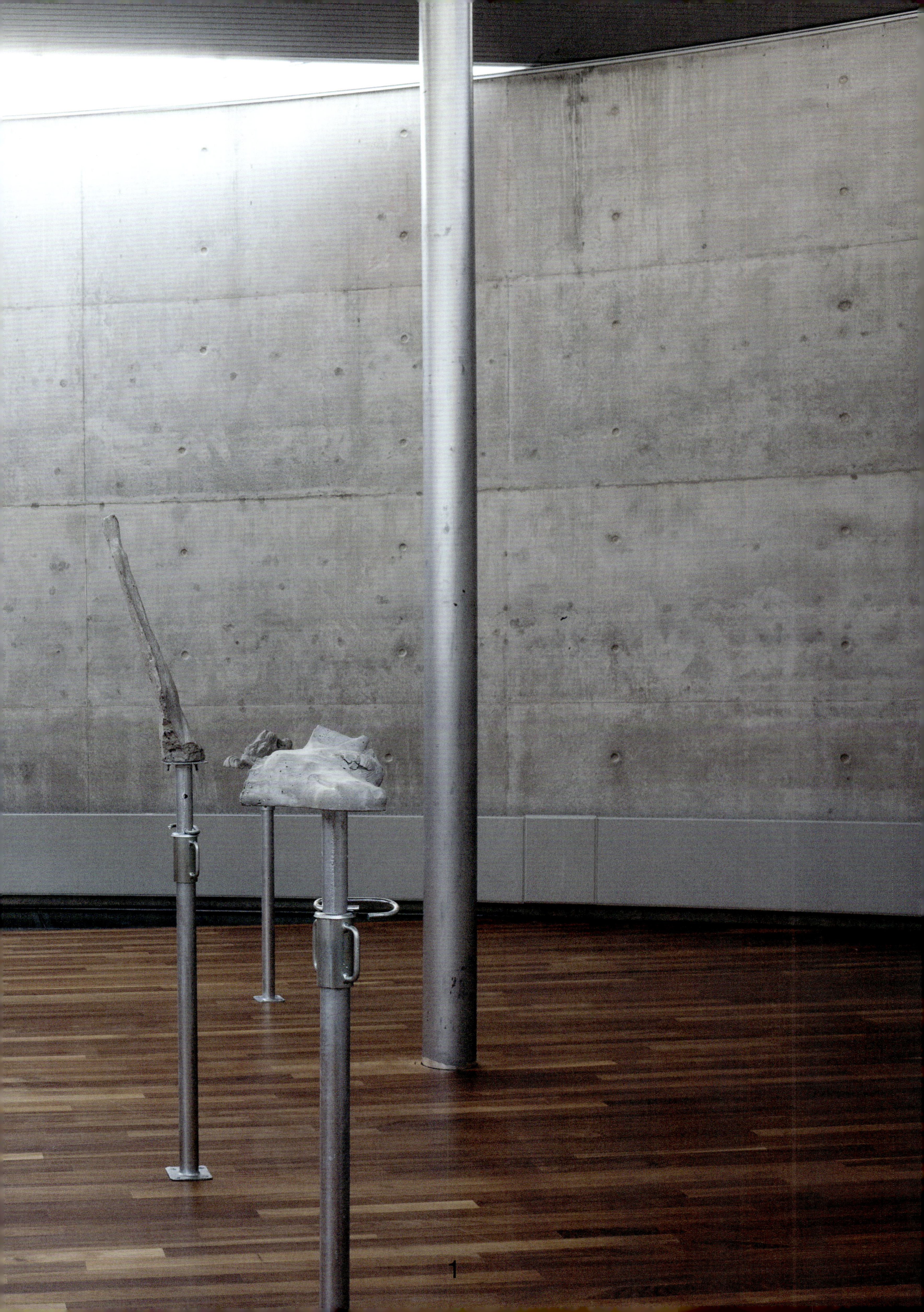

1

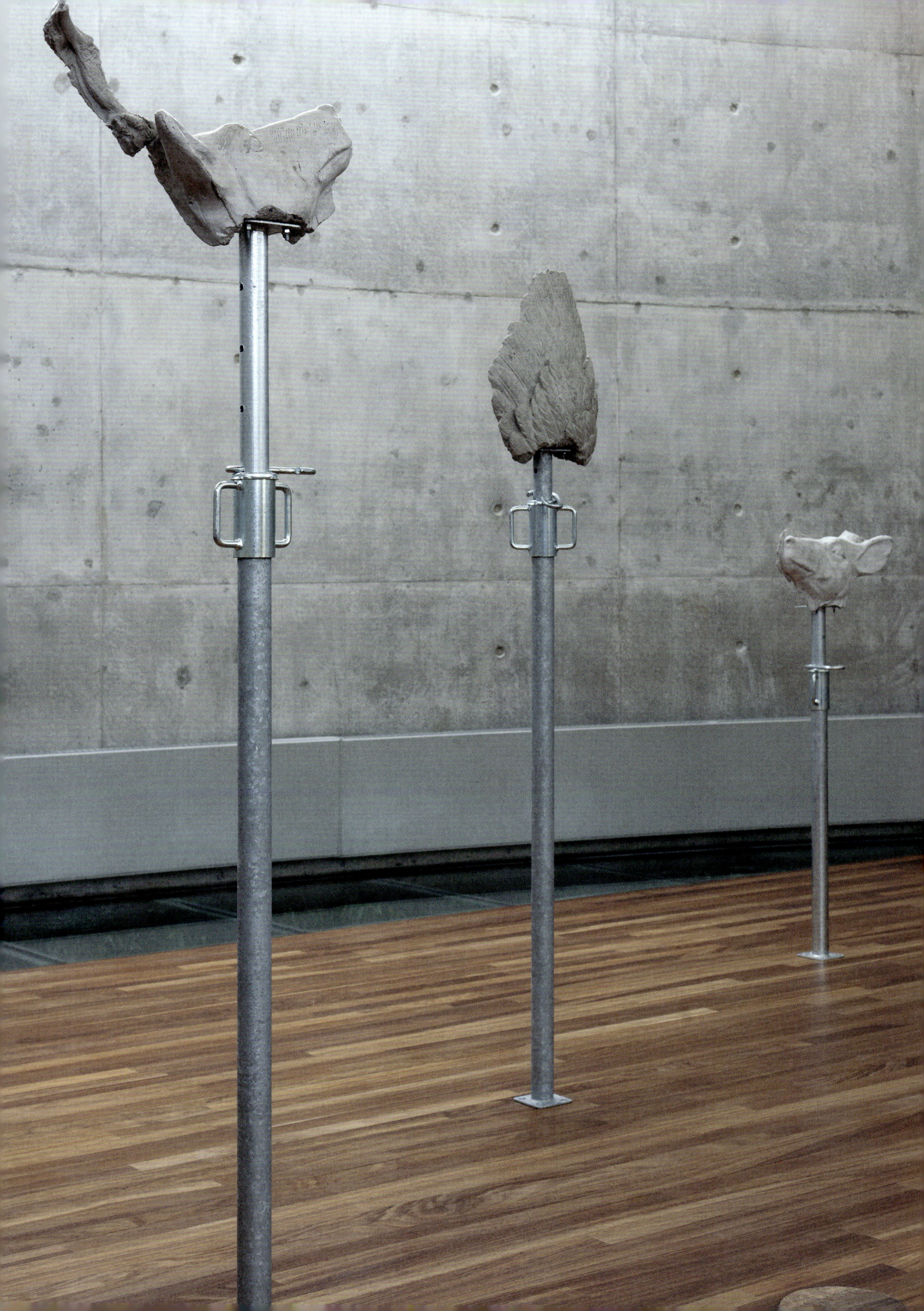

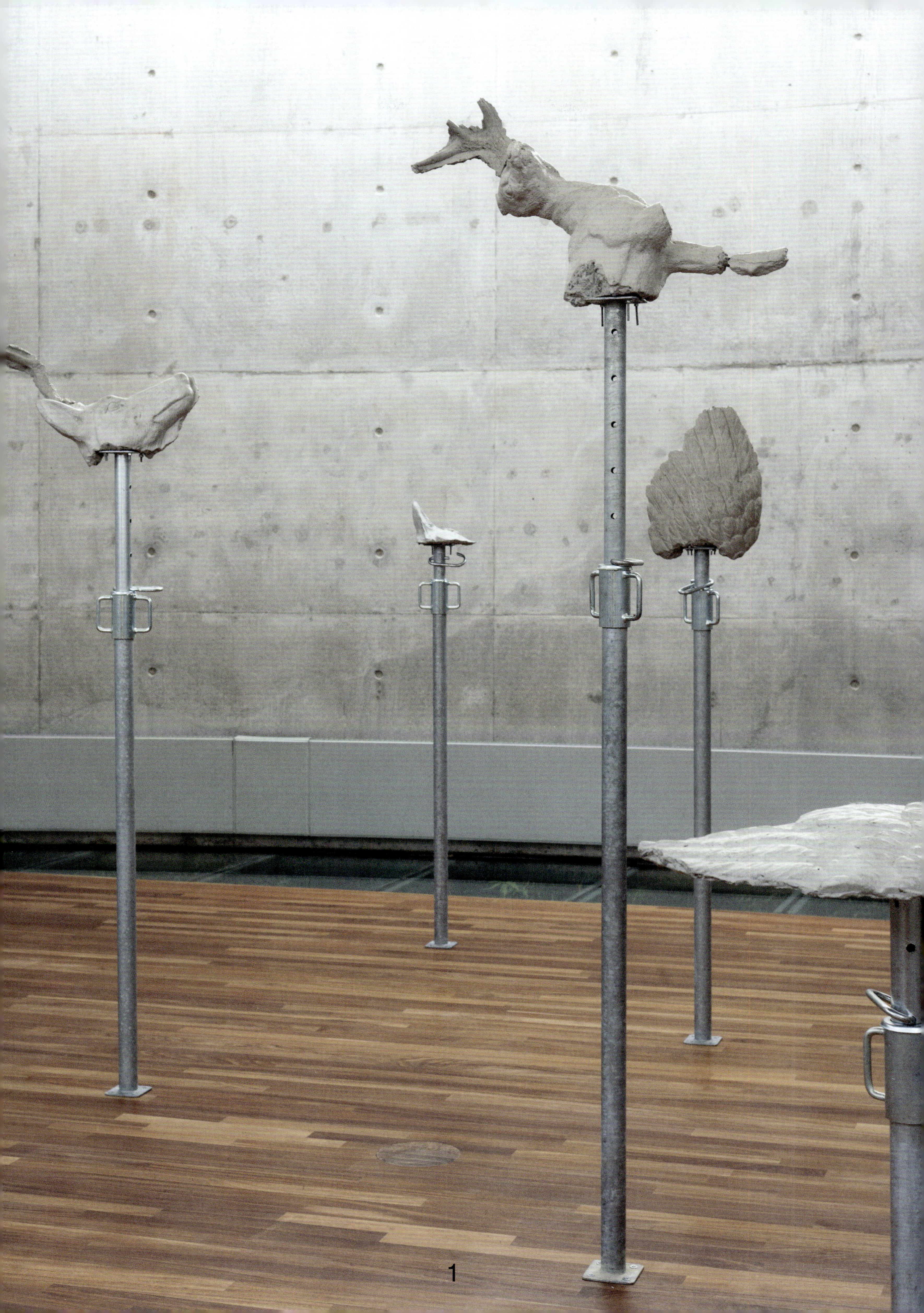

1

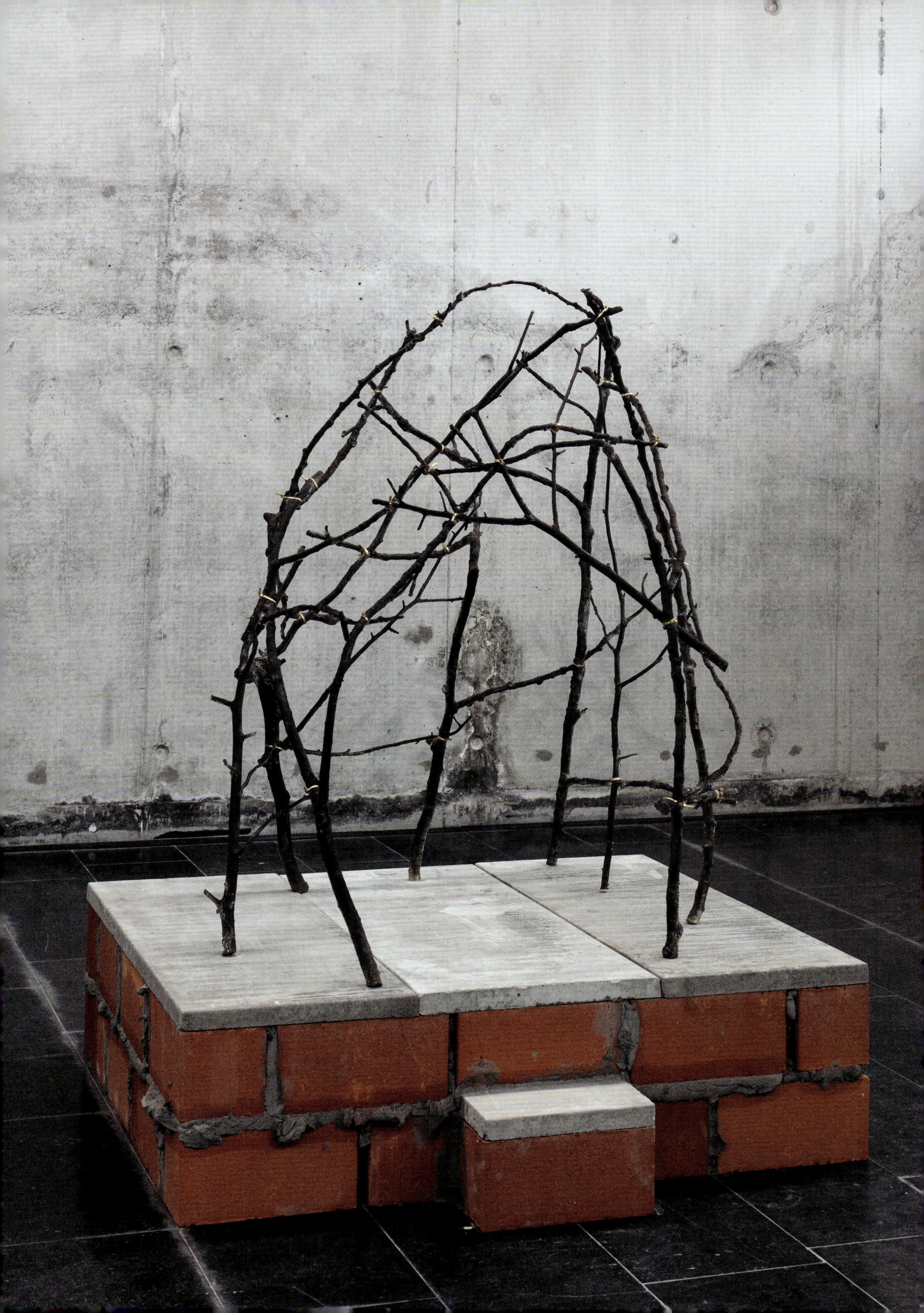

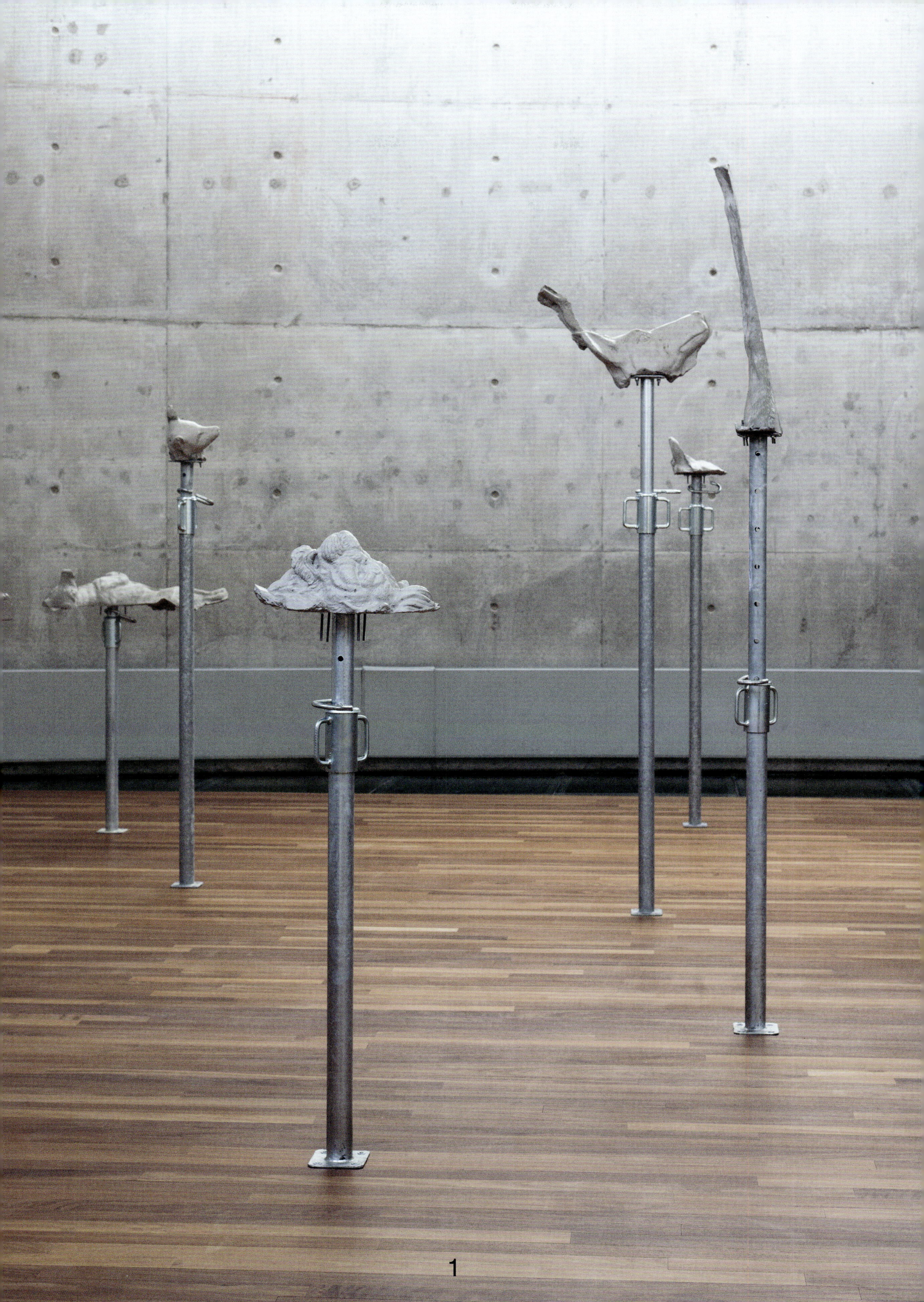

1

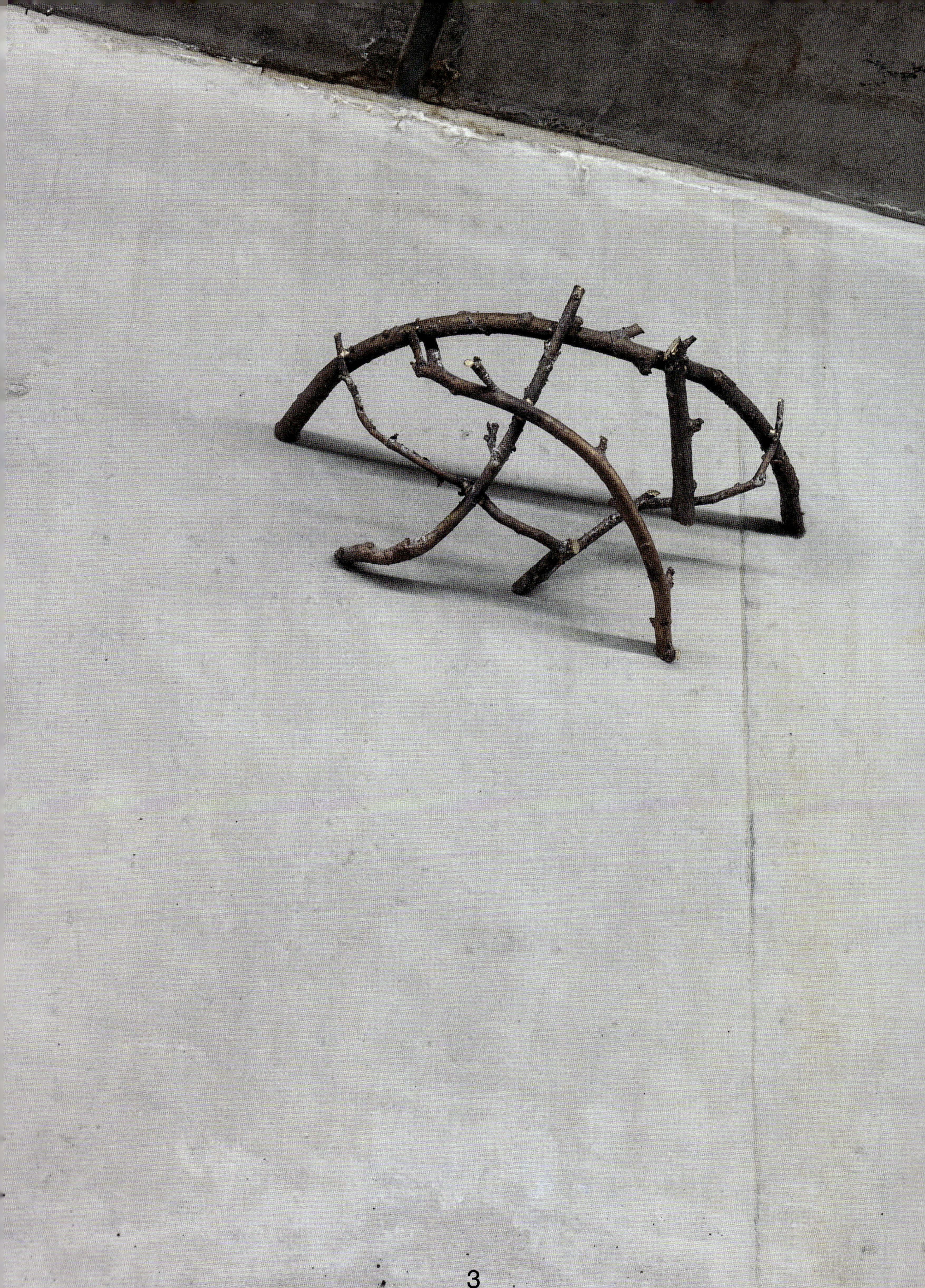

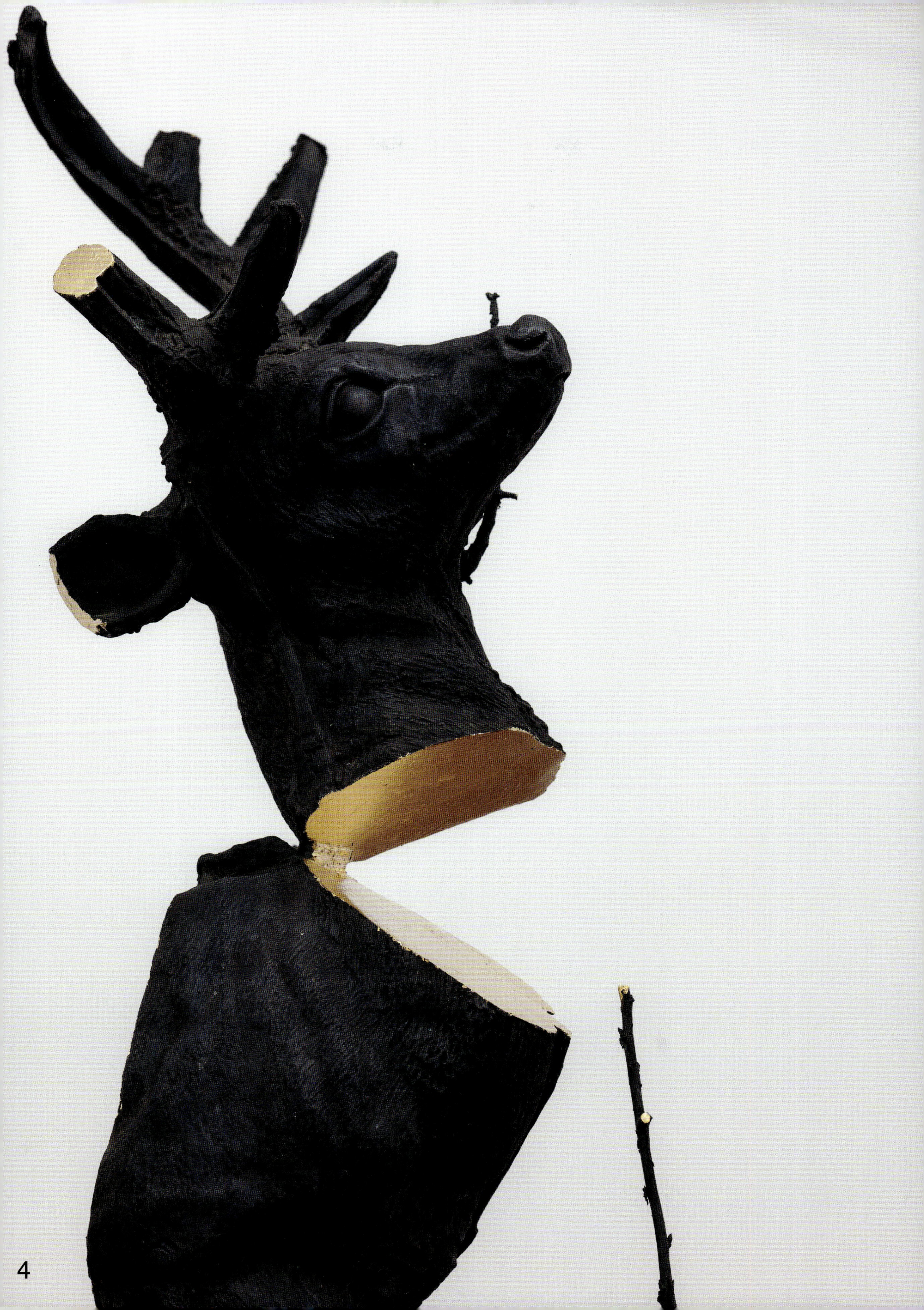

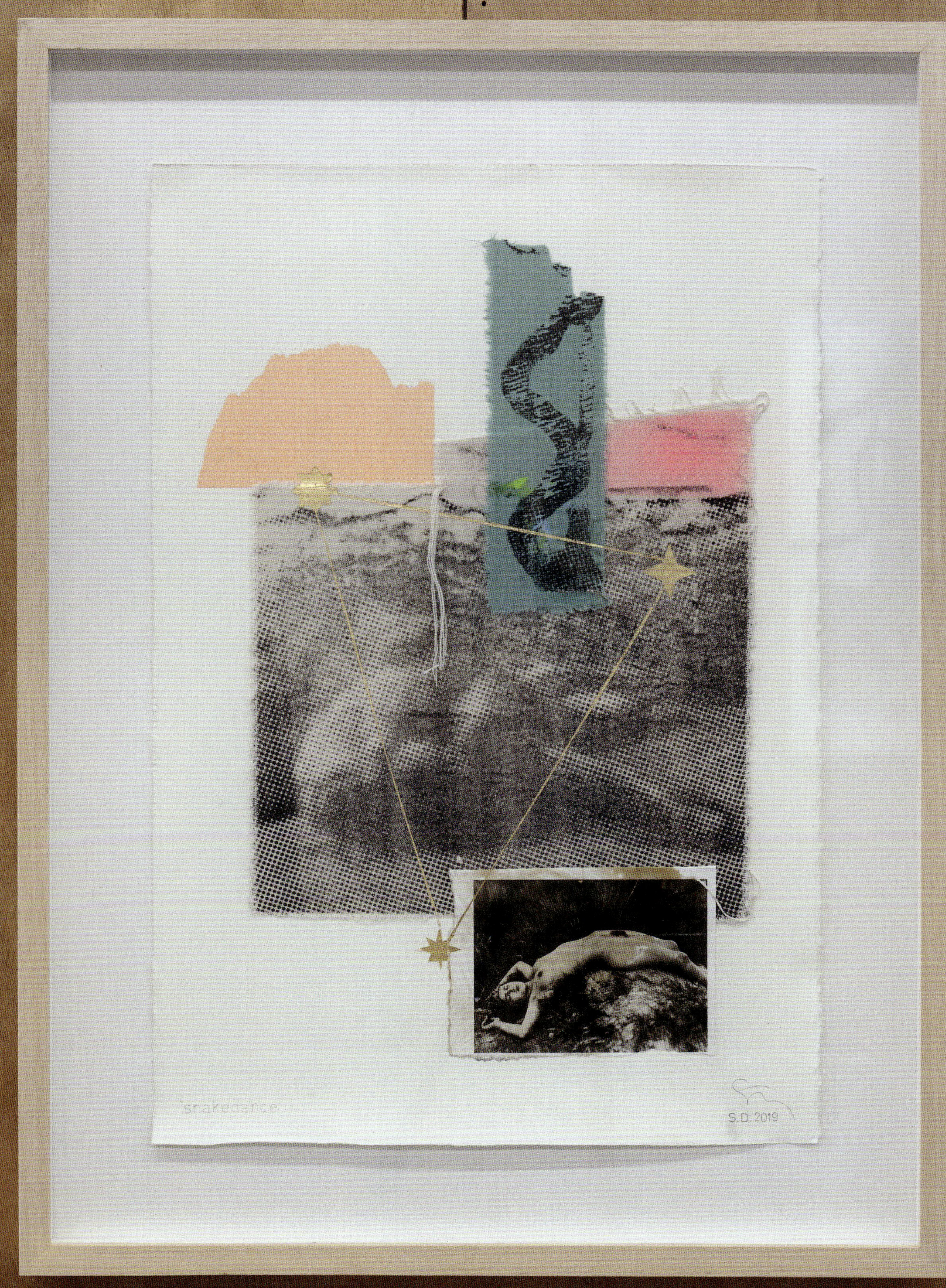
snakedance
S.D. 2019

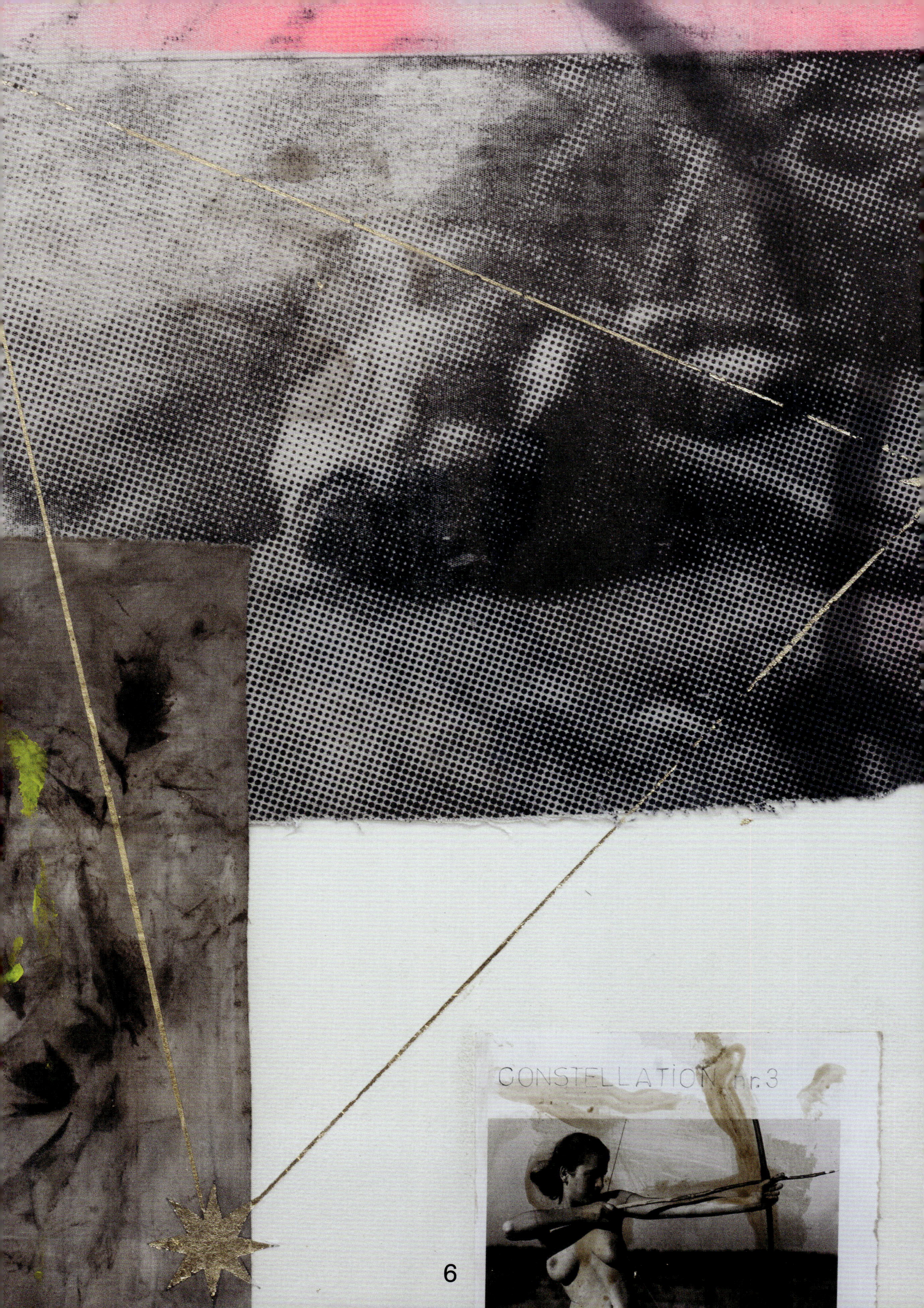
CONSTELLATION nr.3

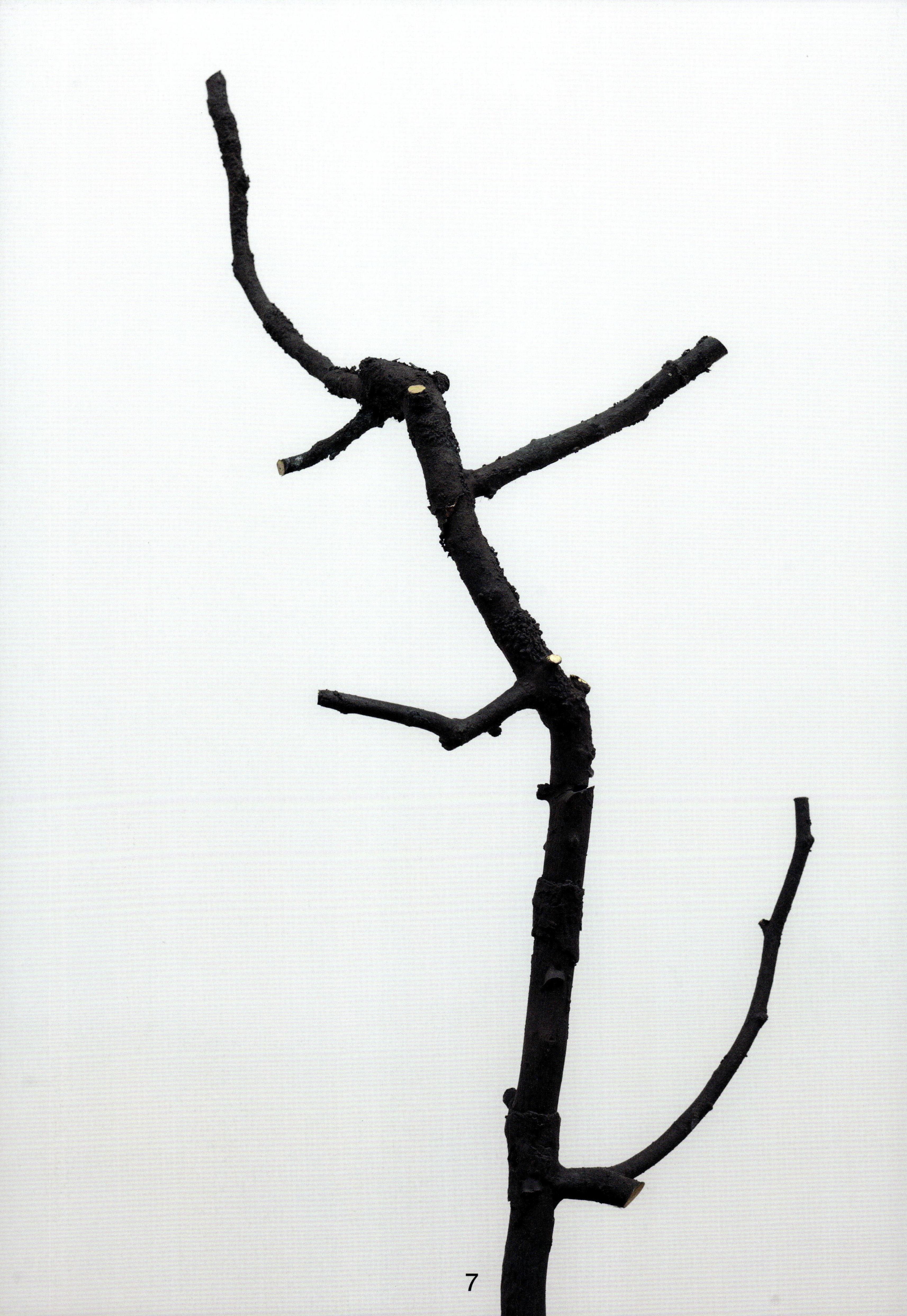

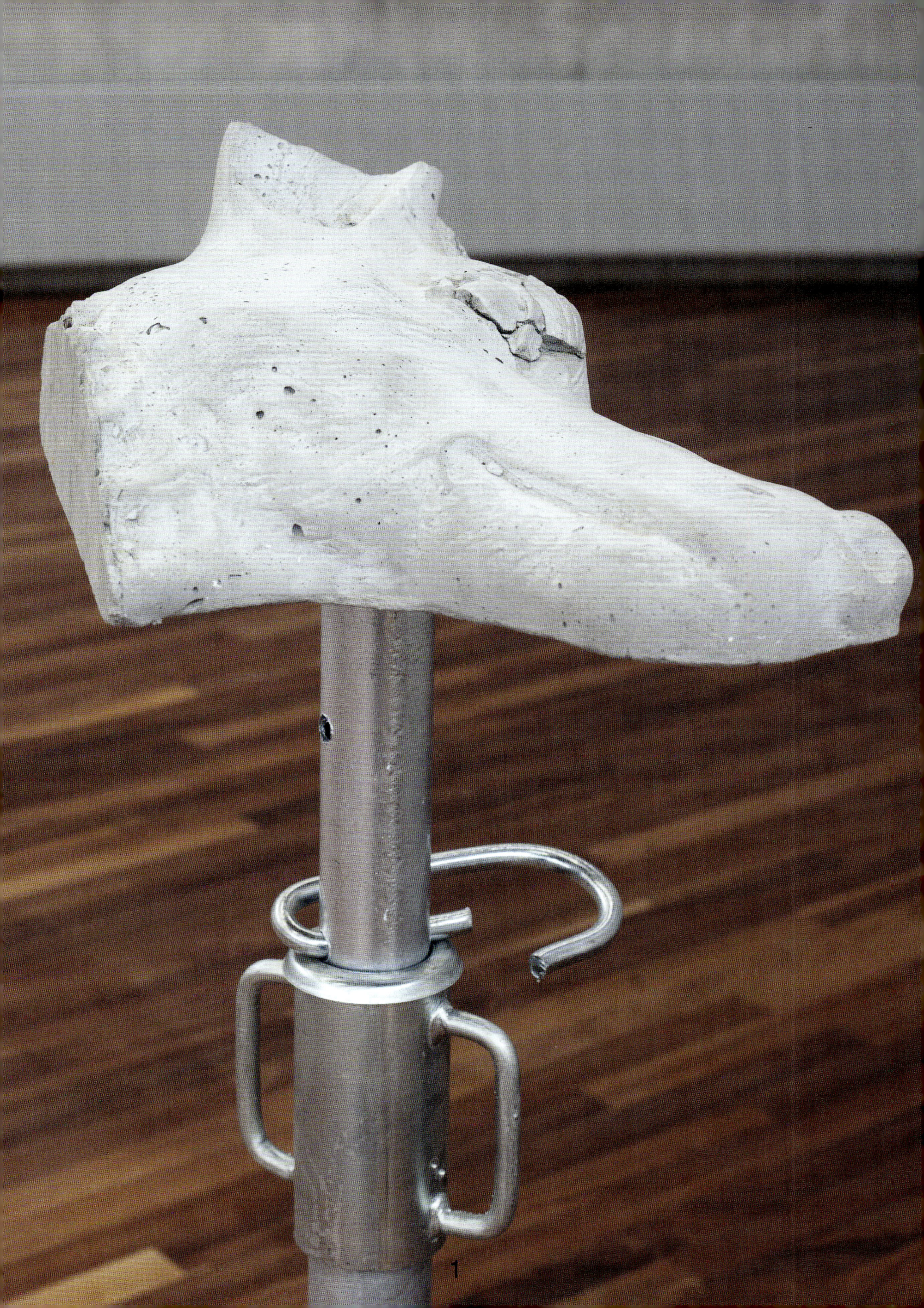

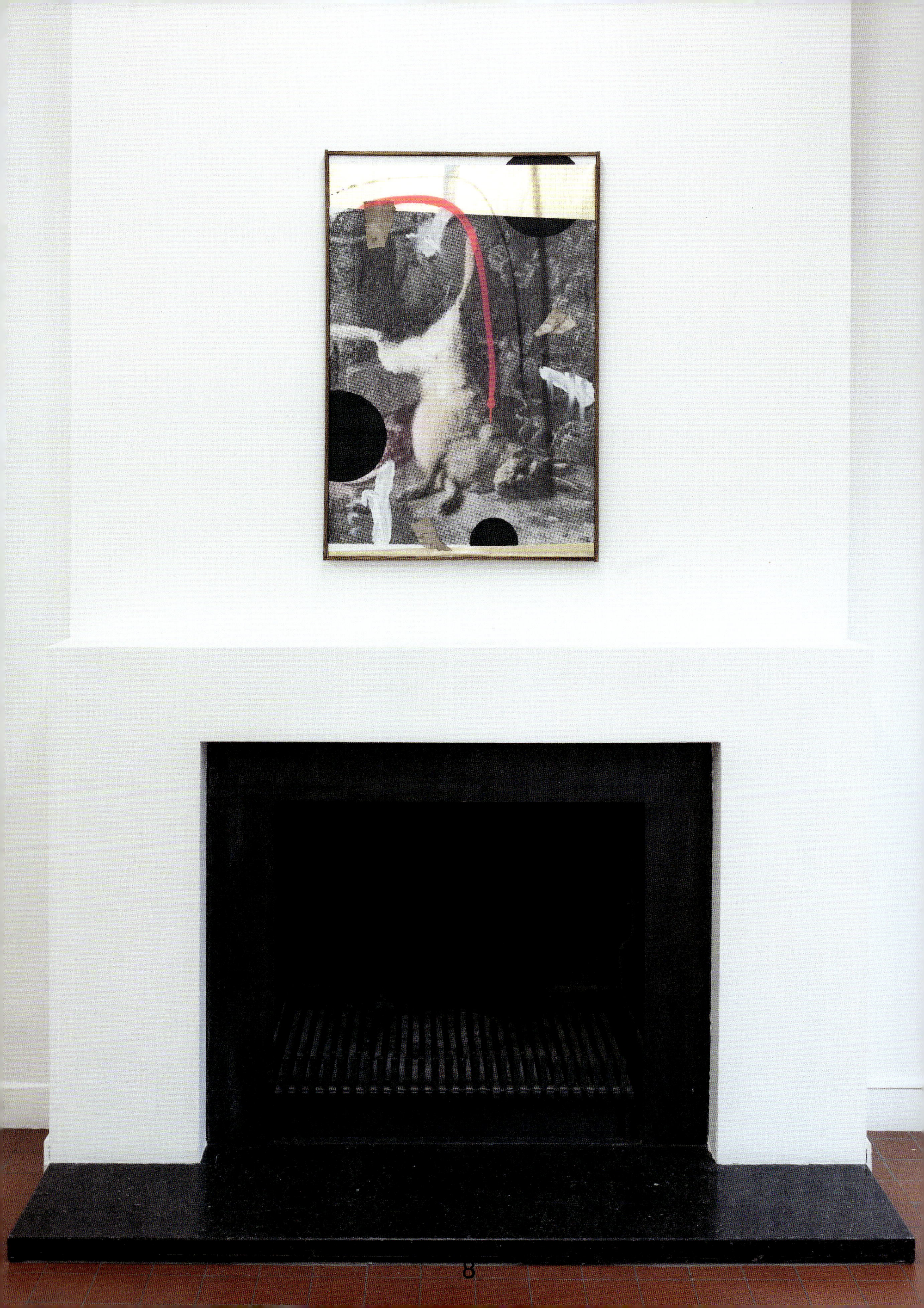

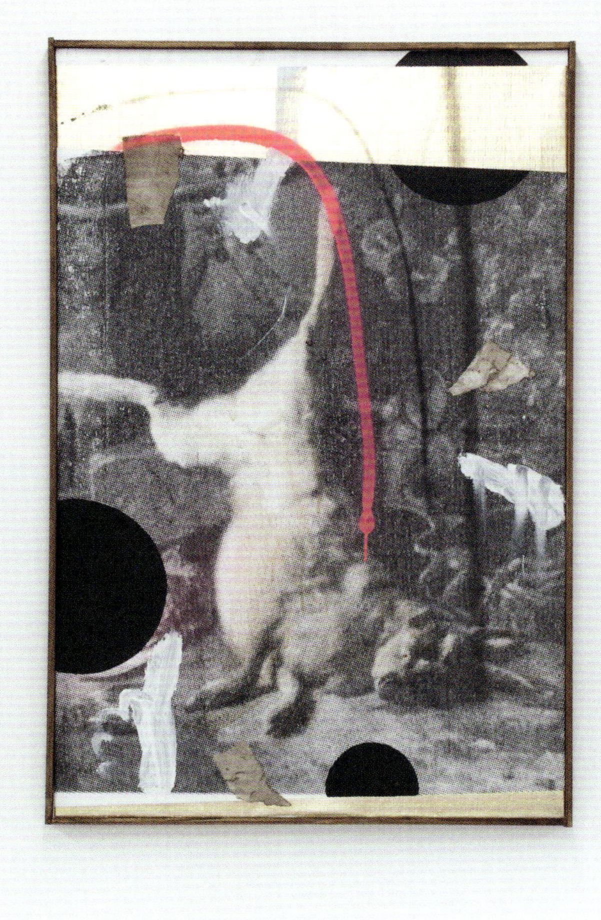

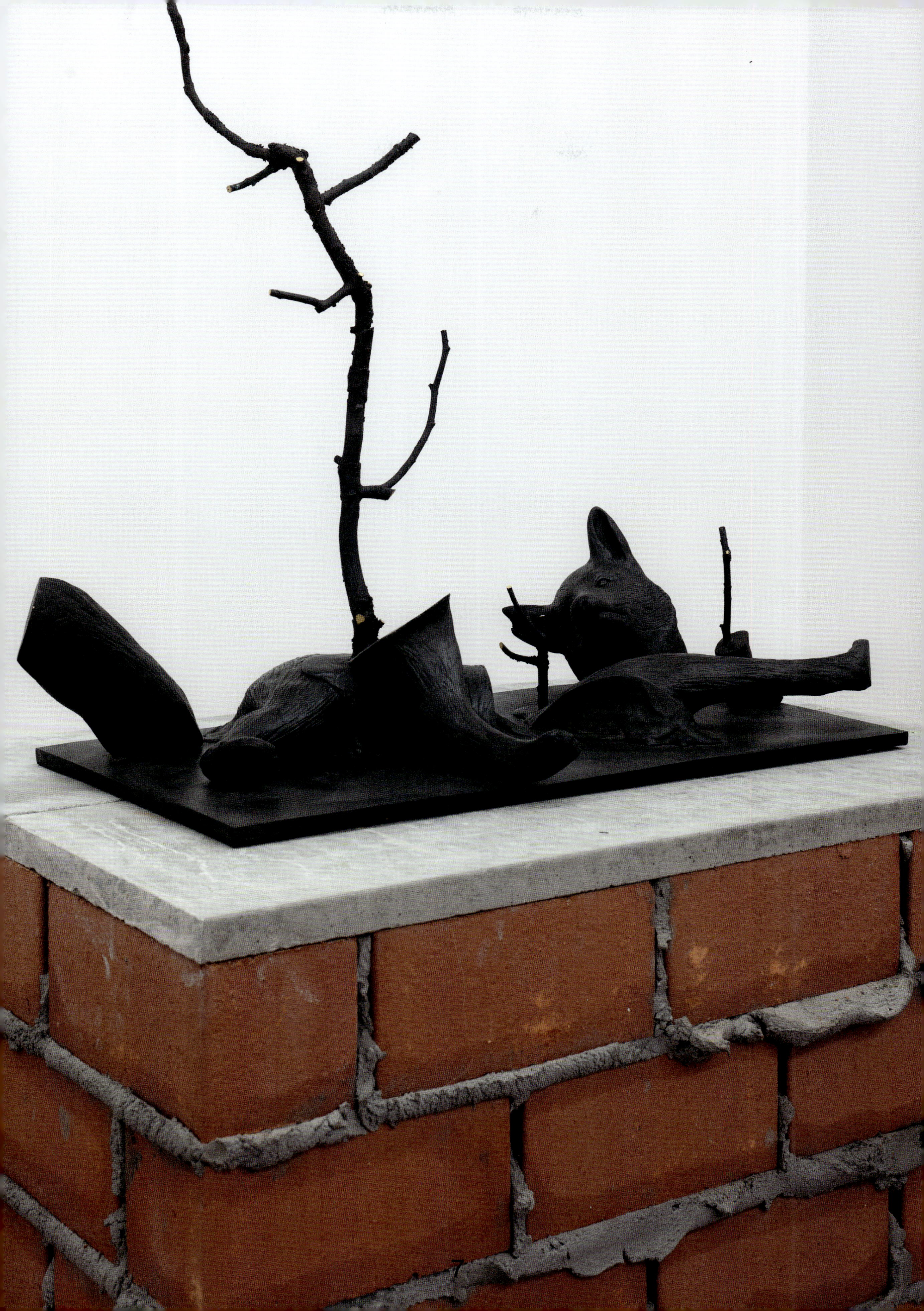

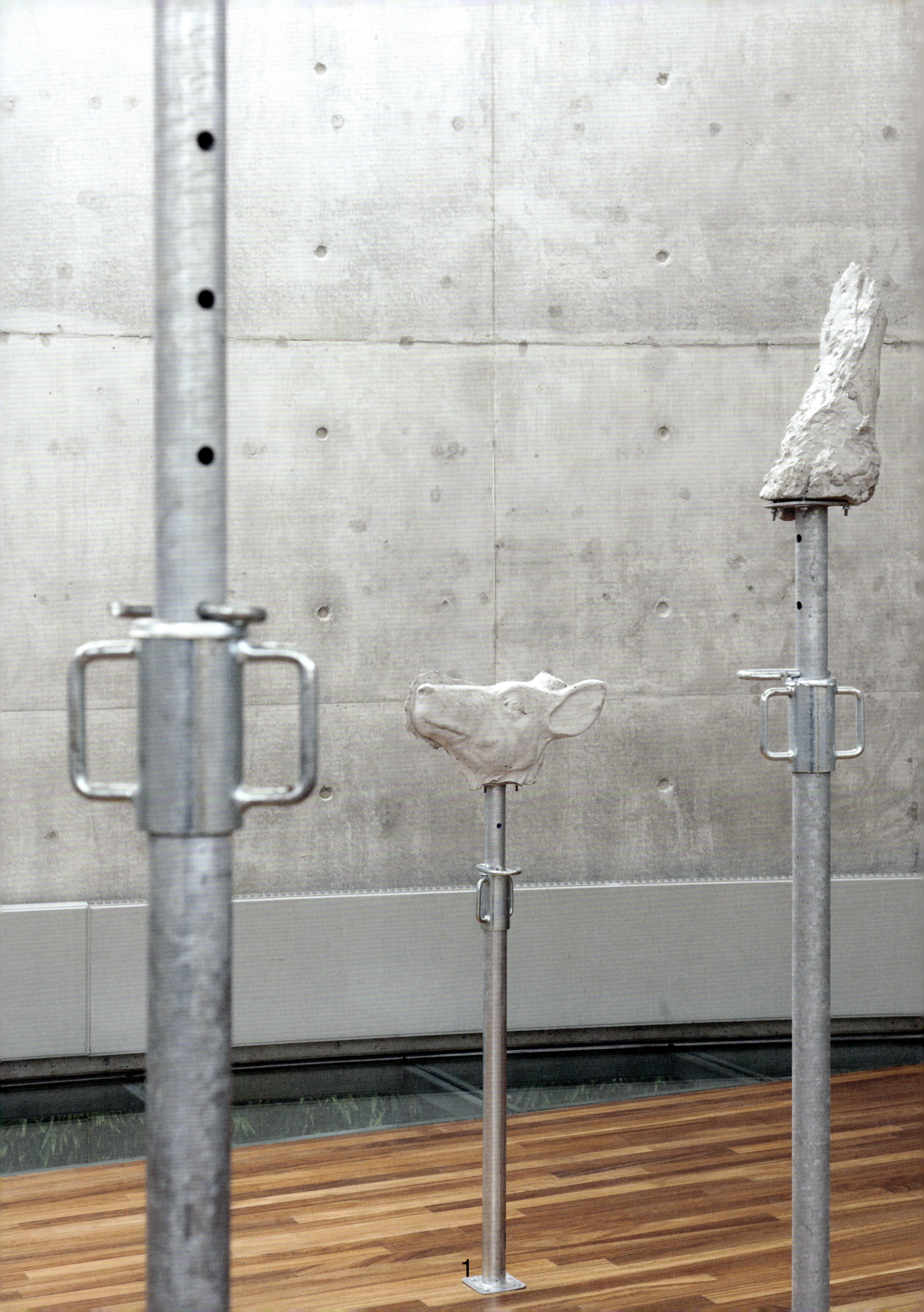

1

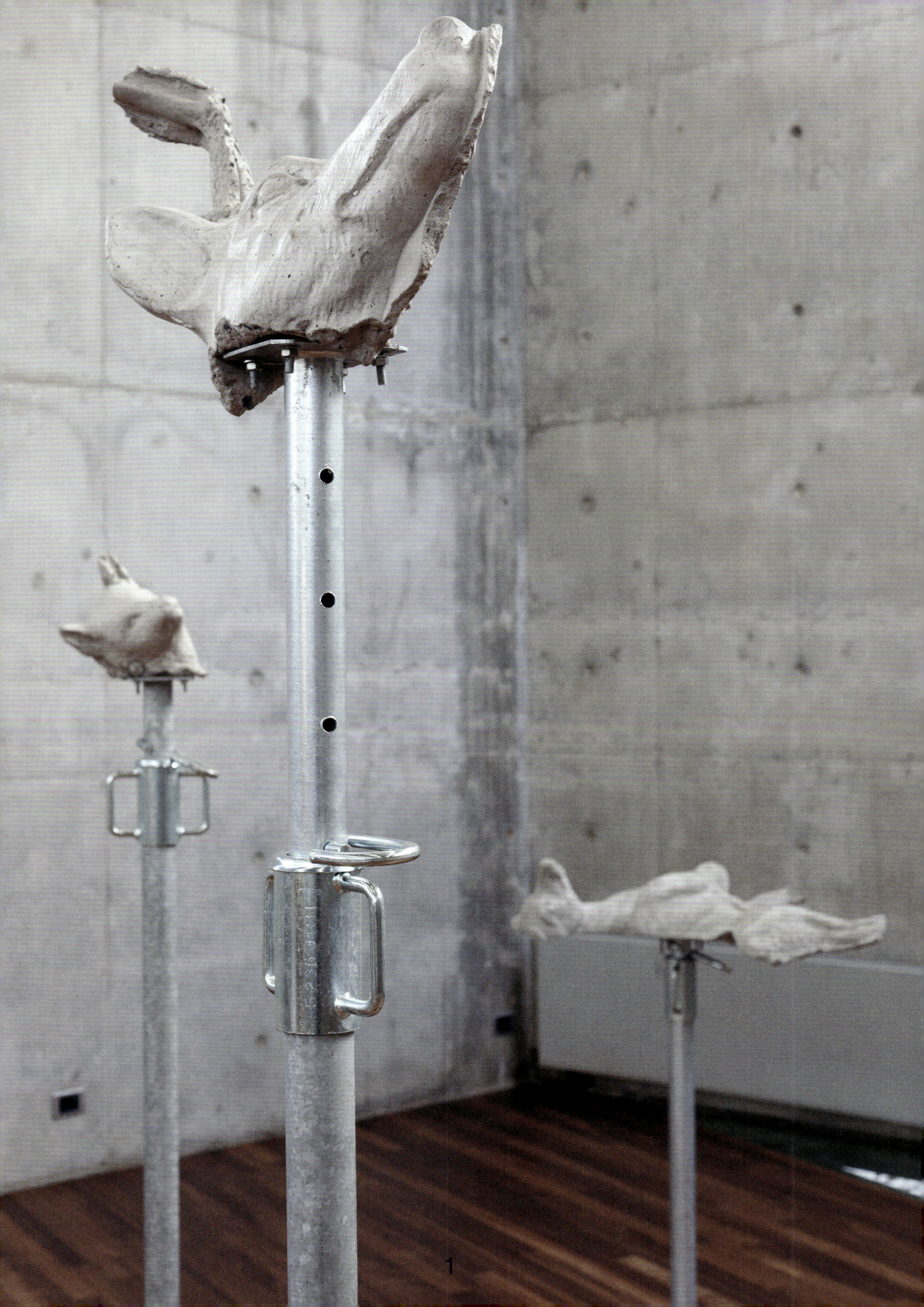

1

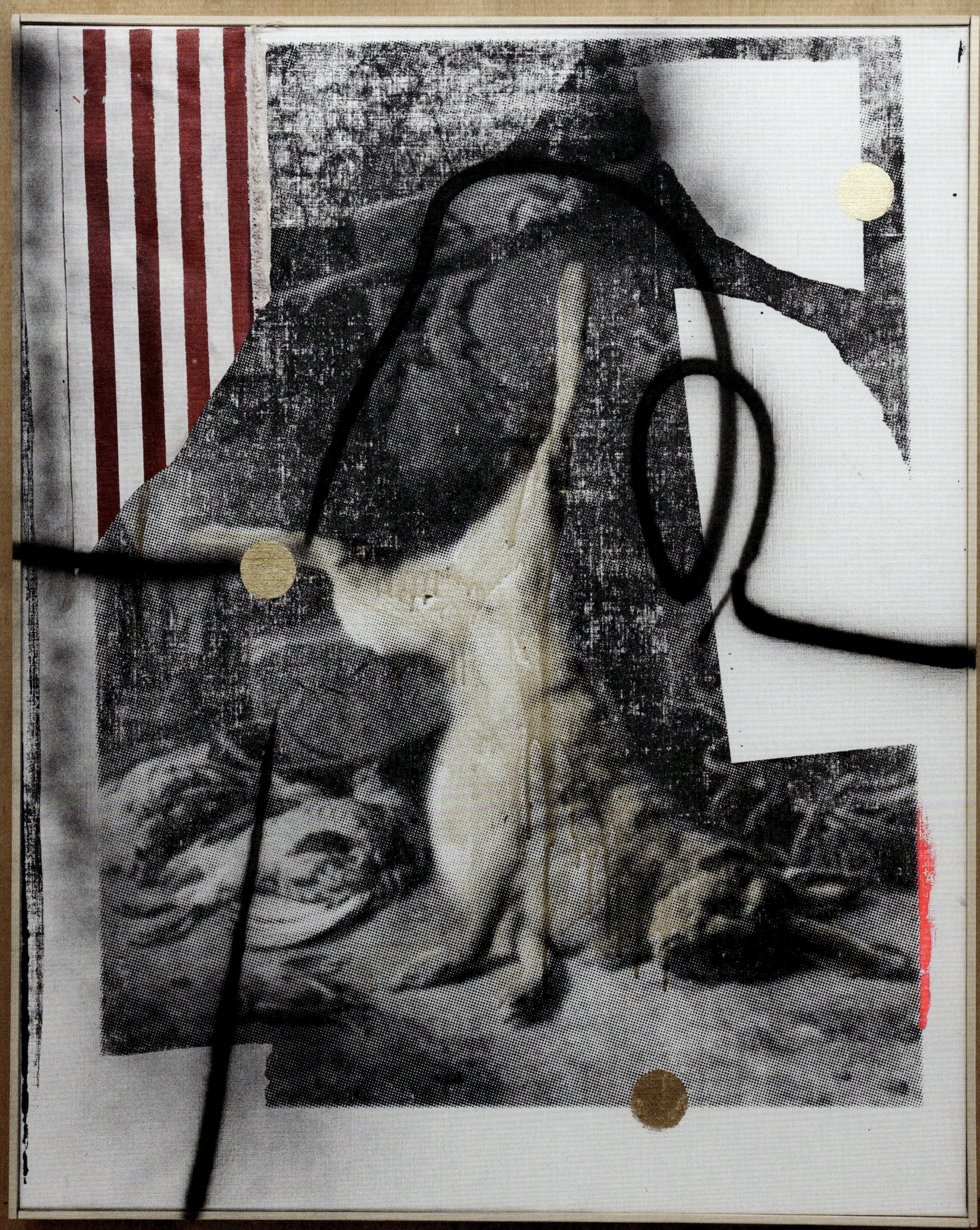

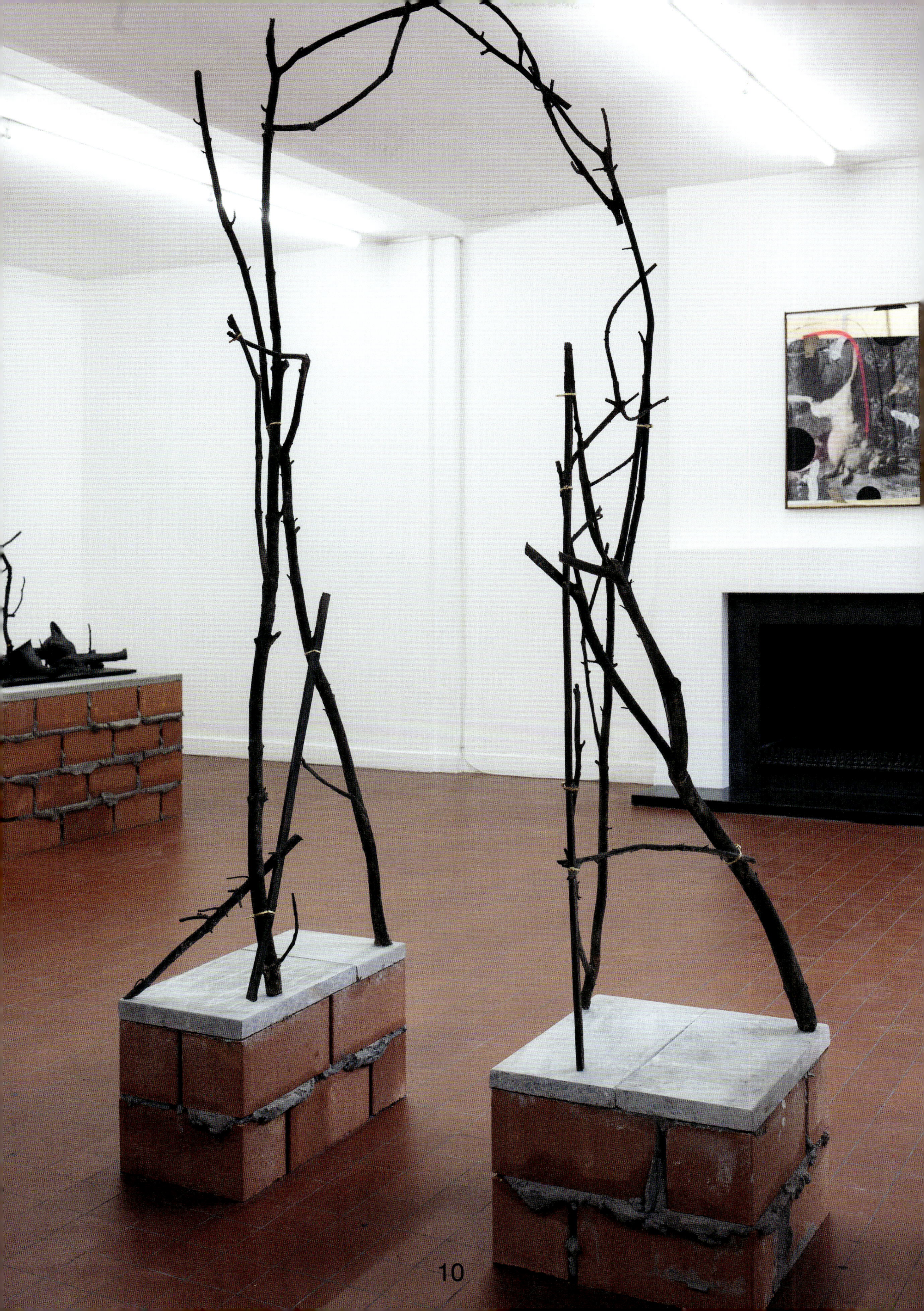

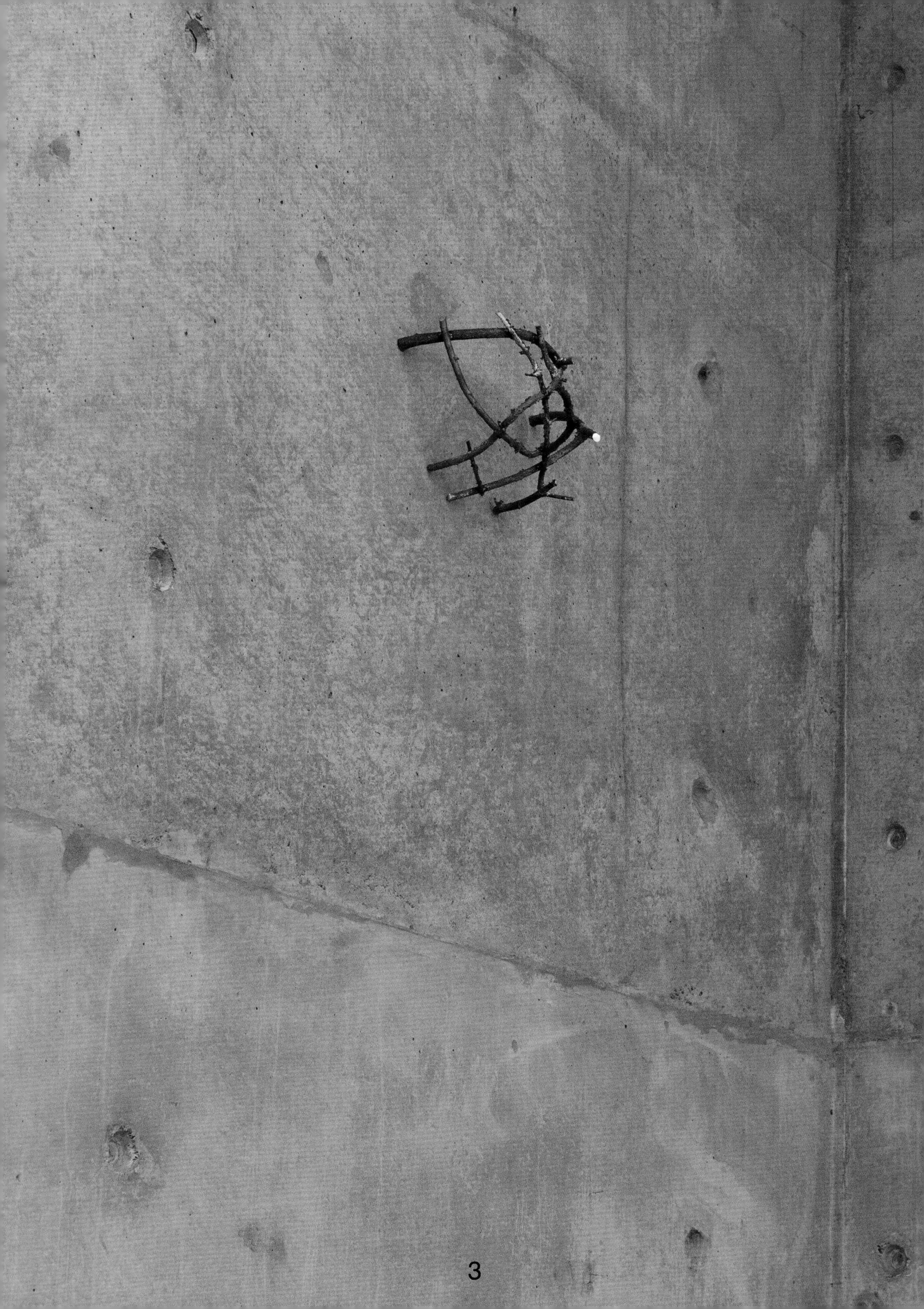

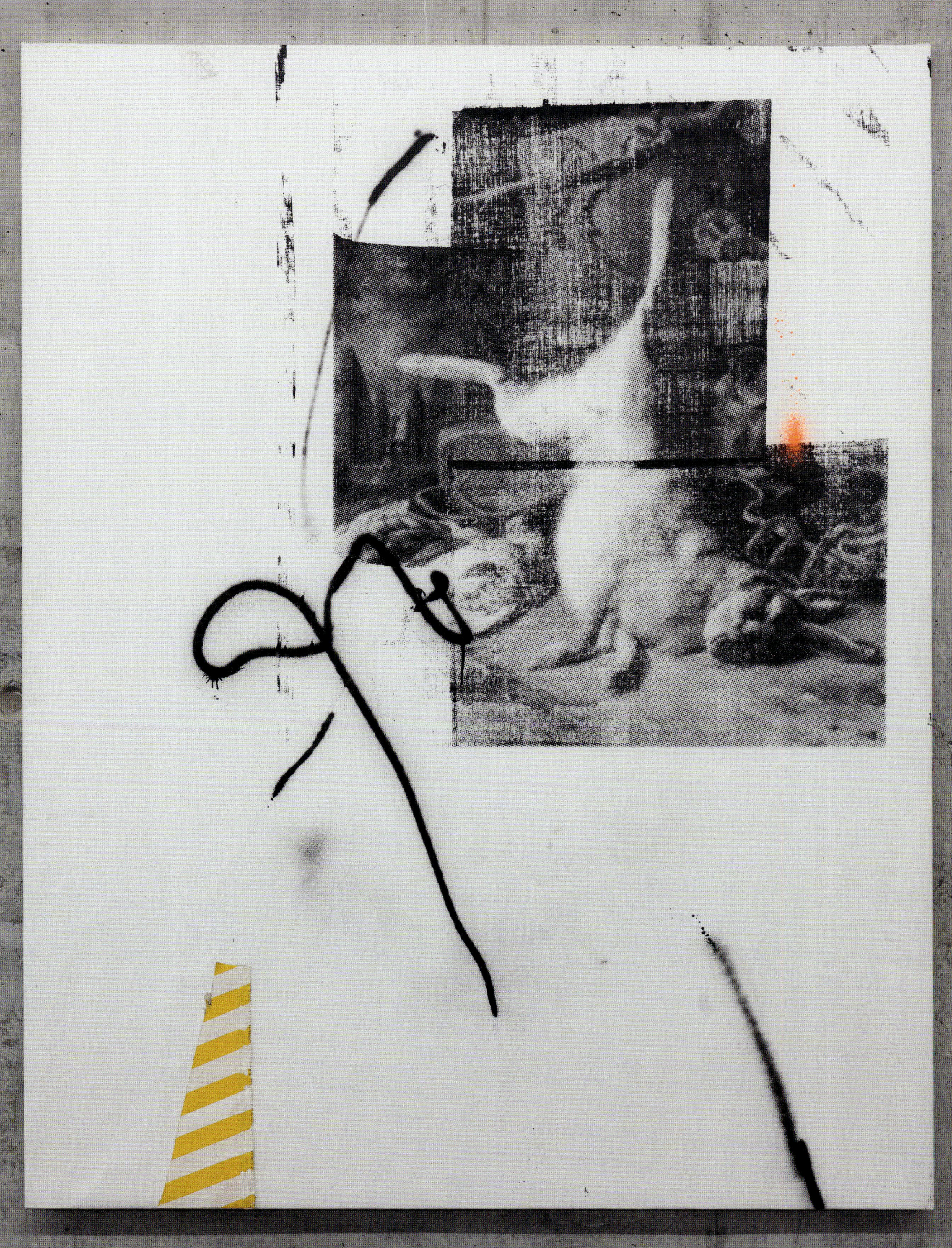

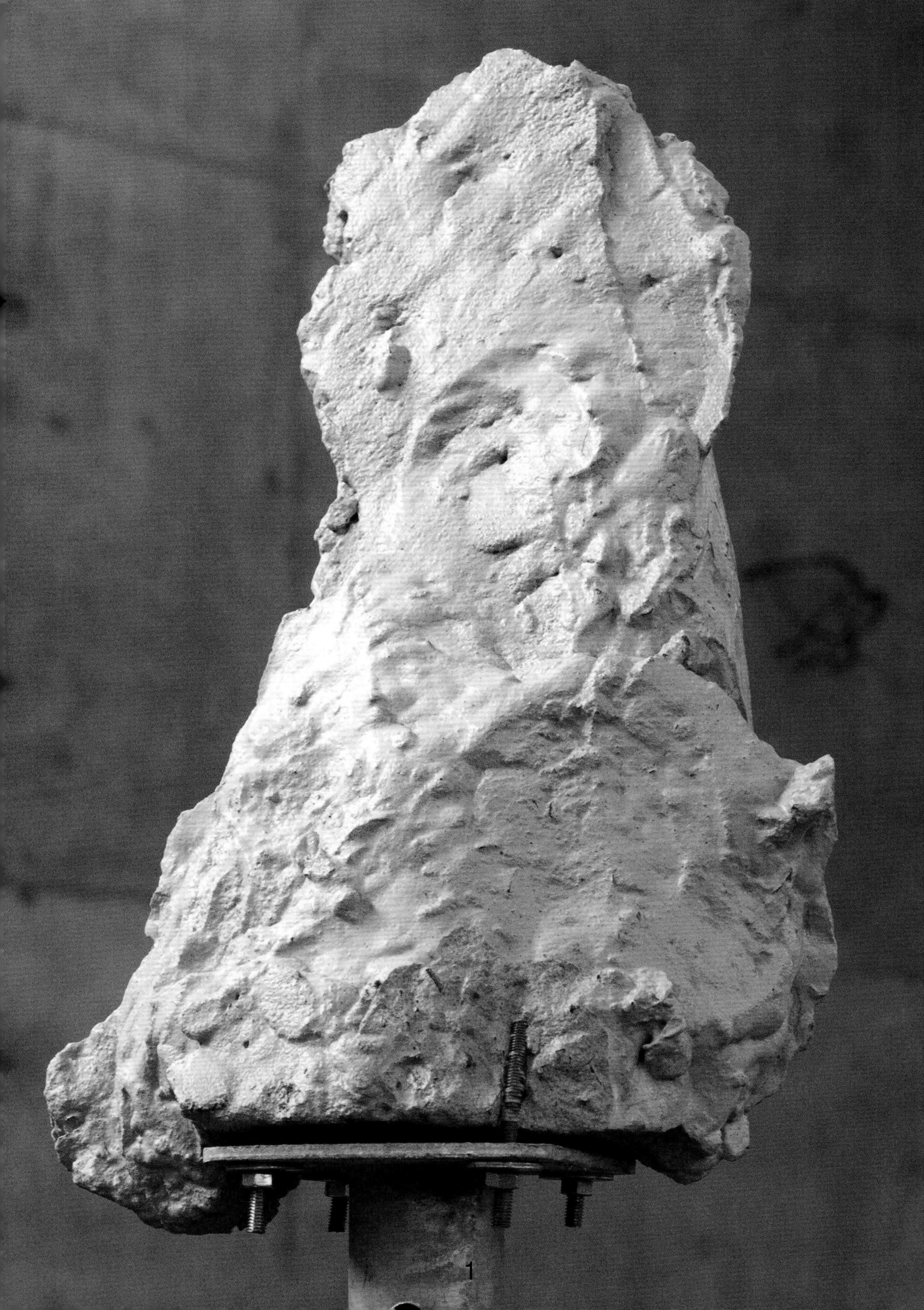

1

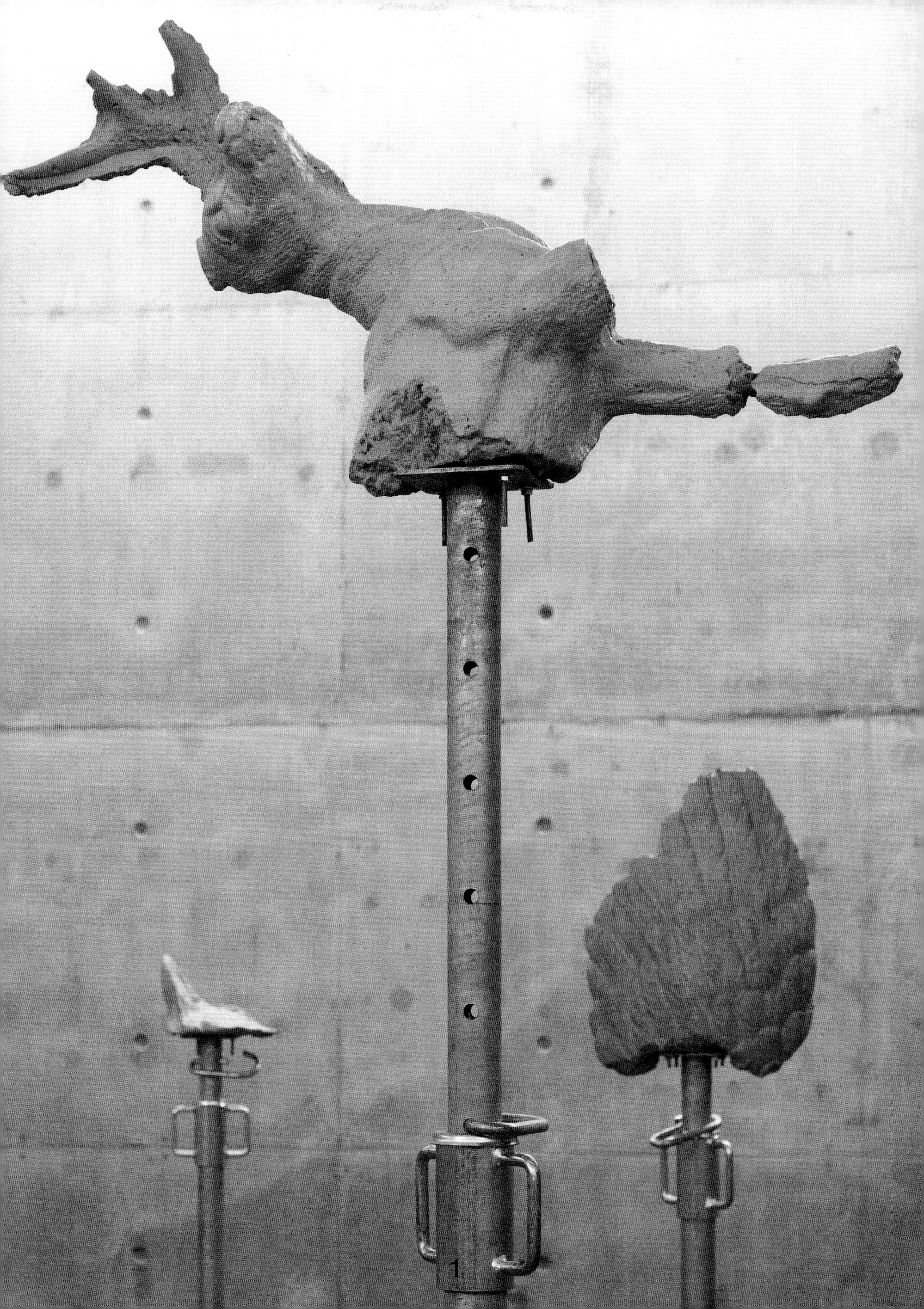

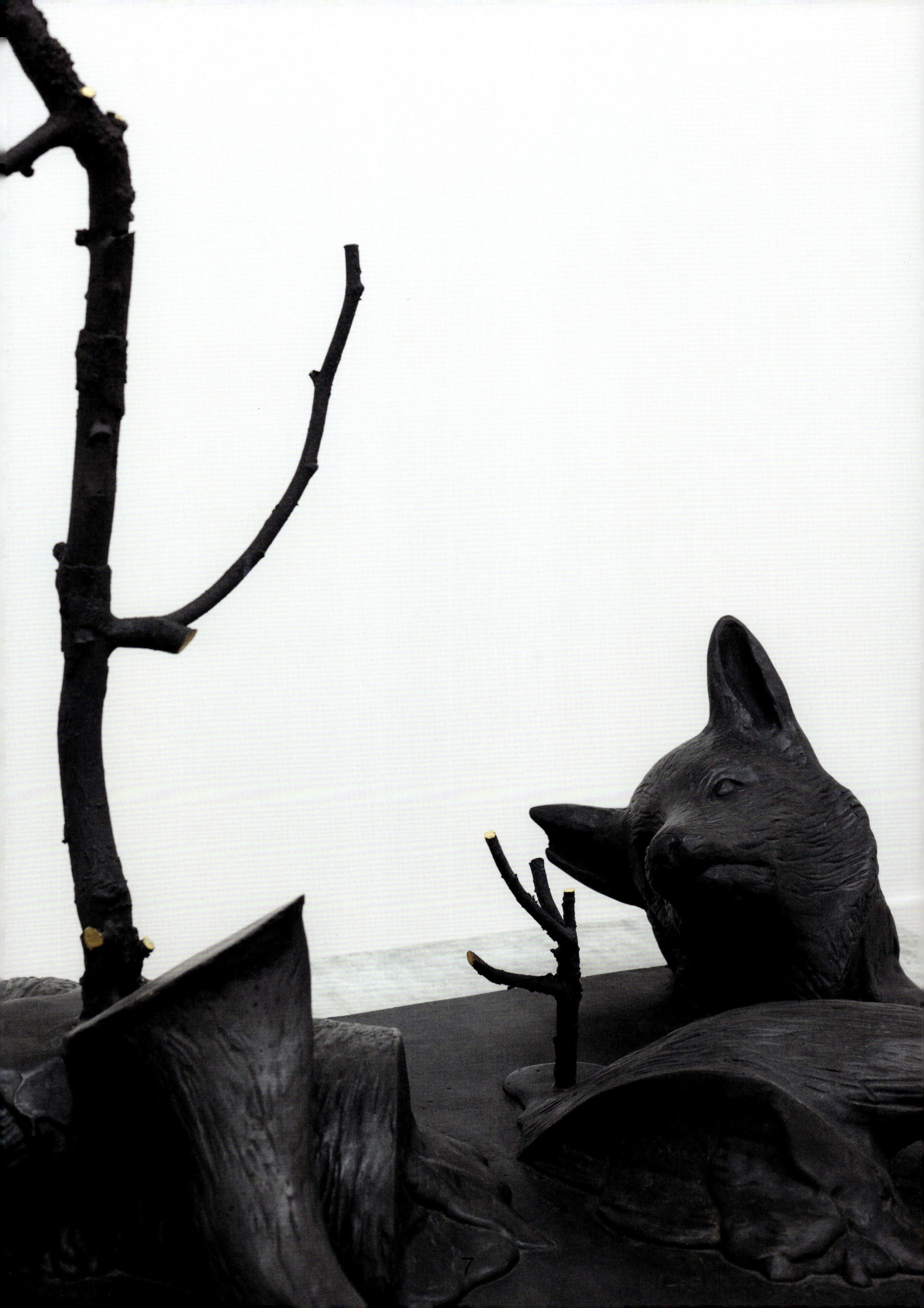

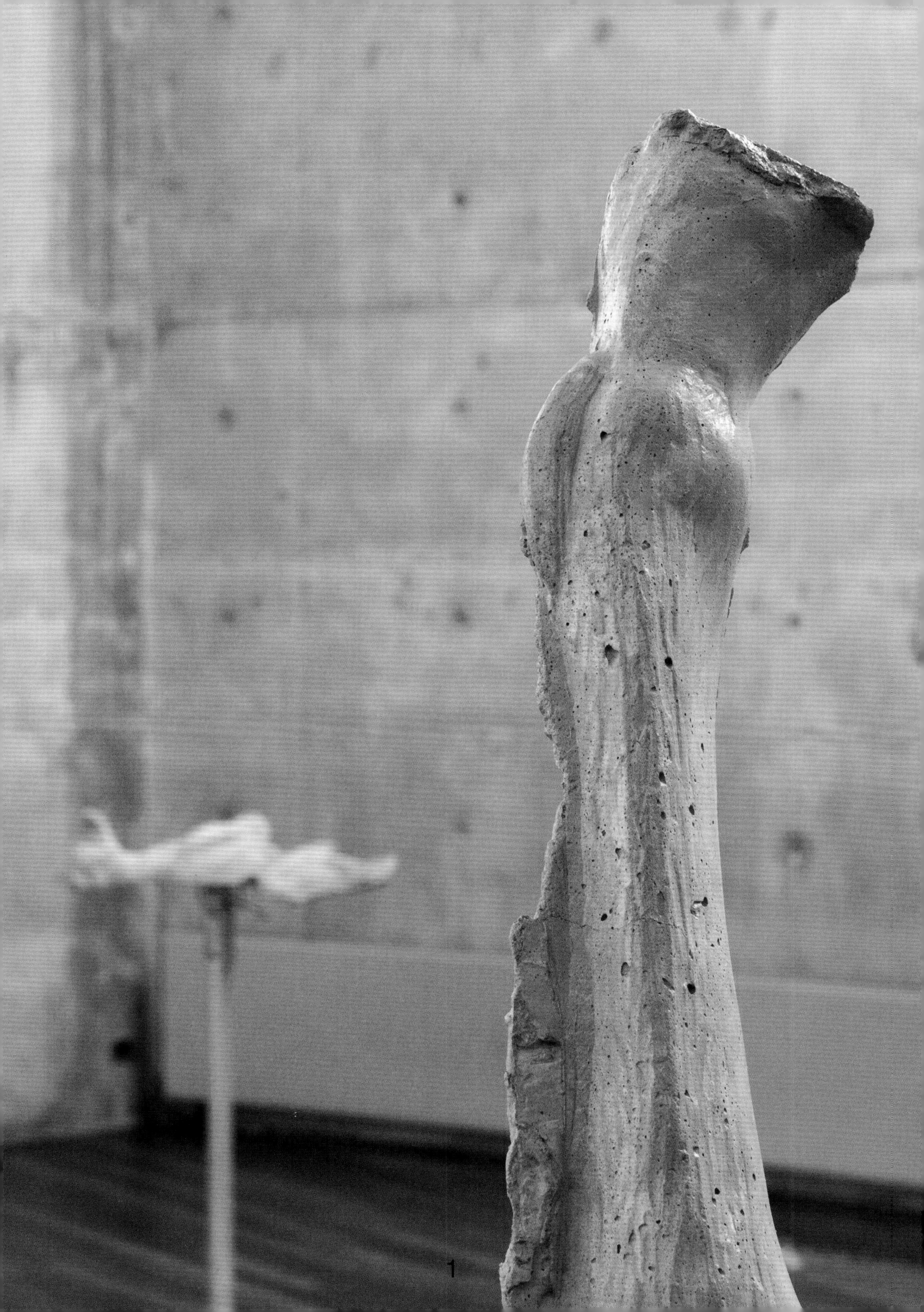

1

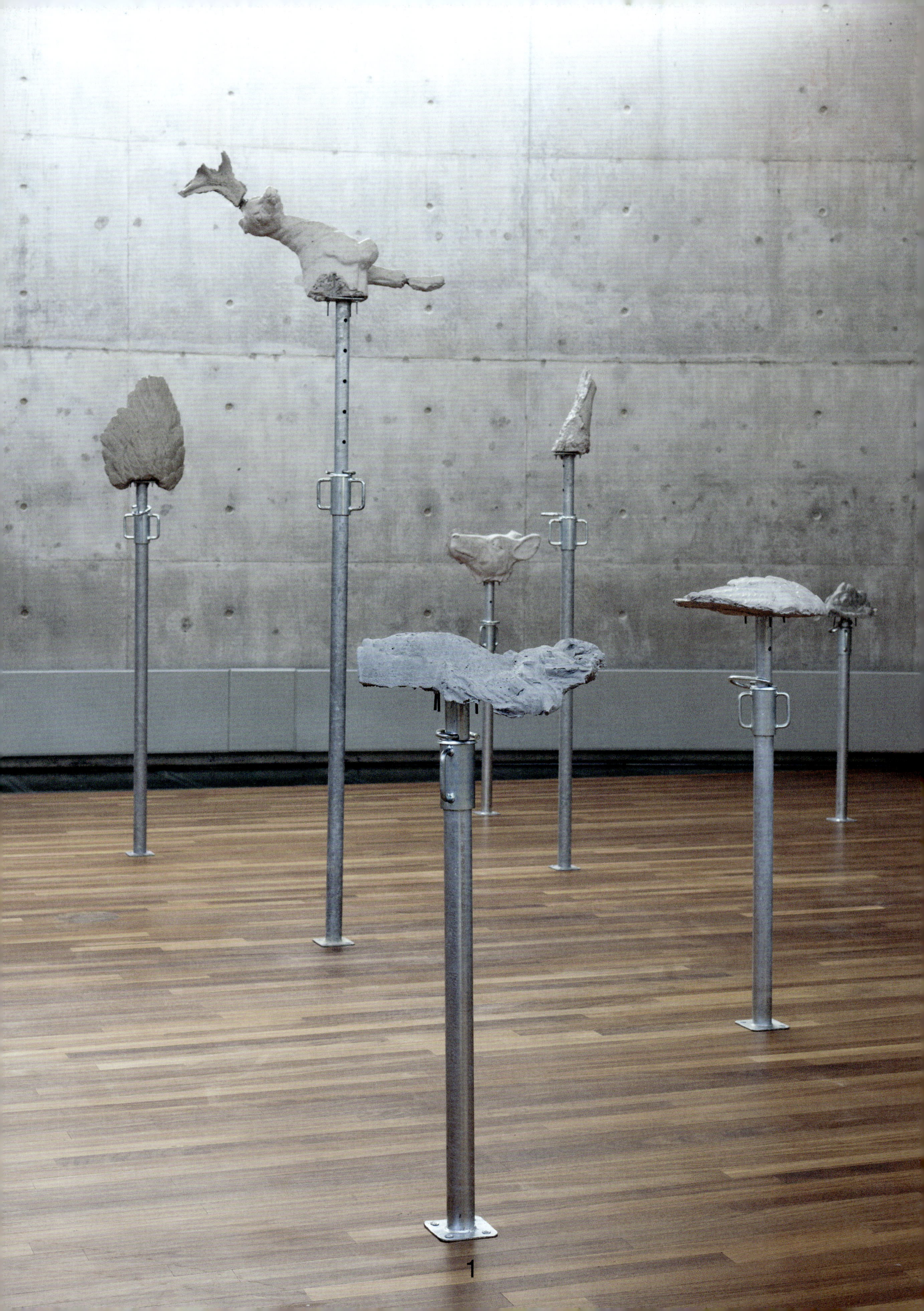

1

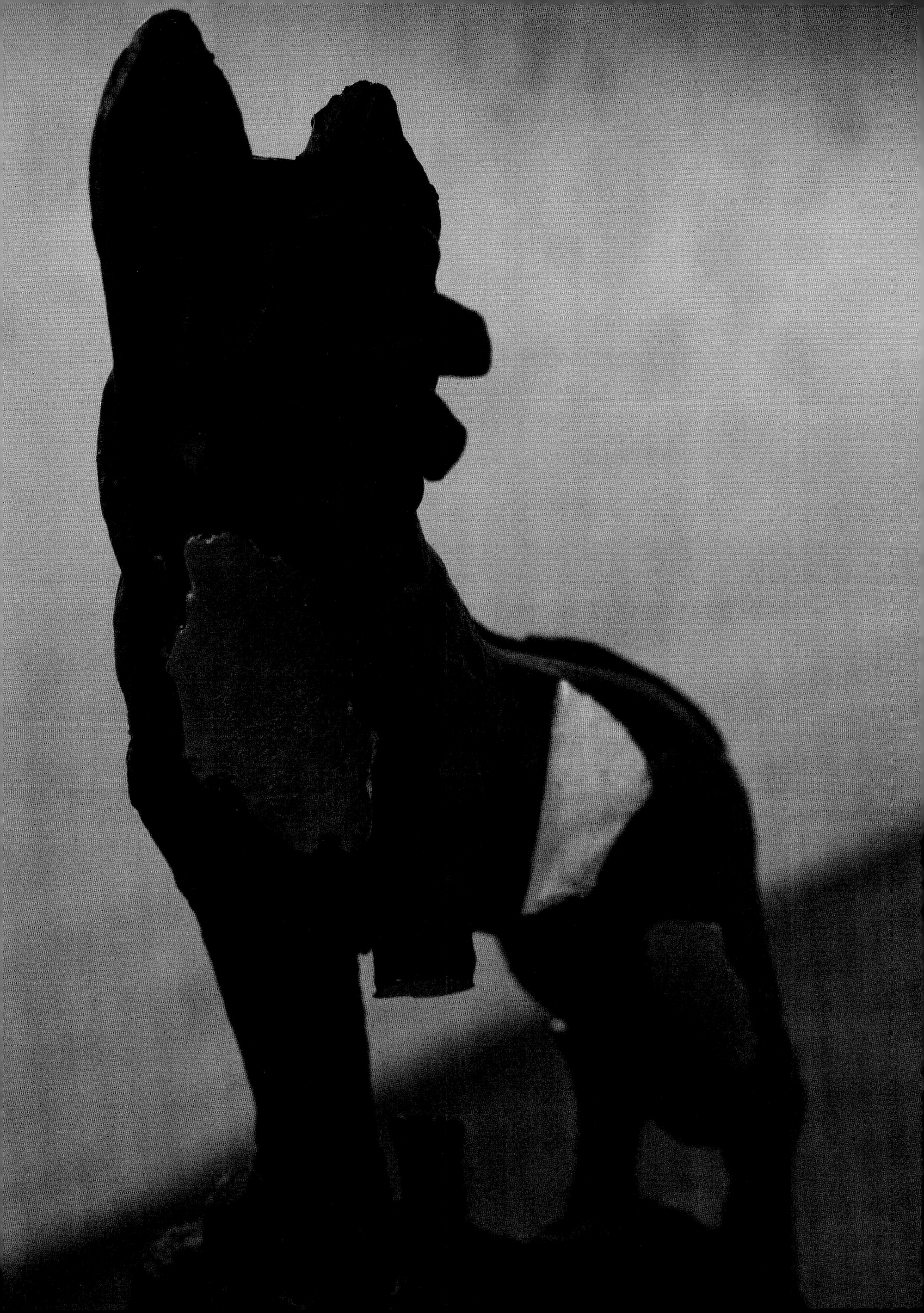

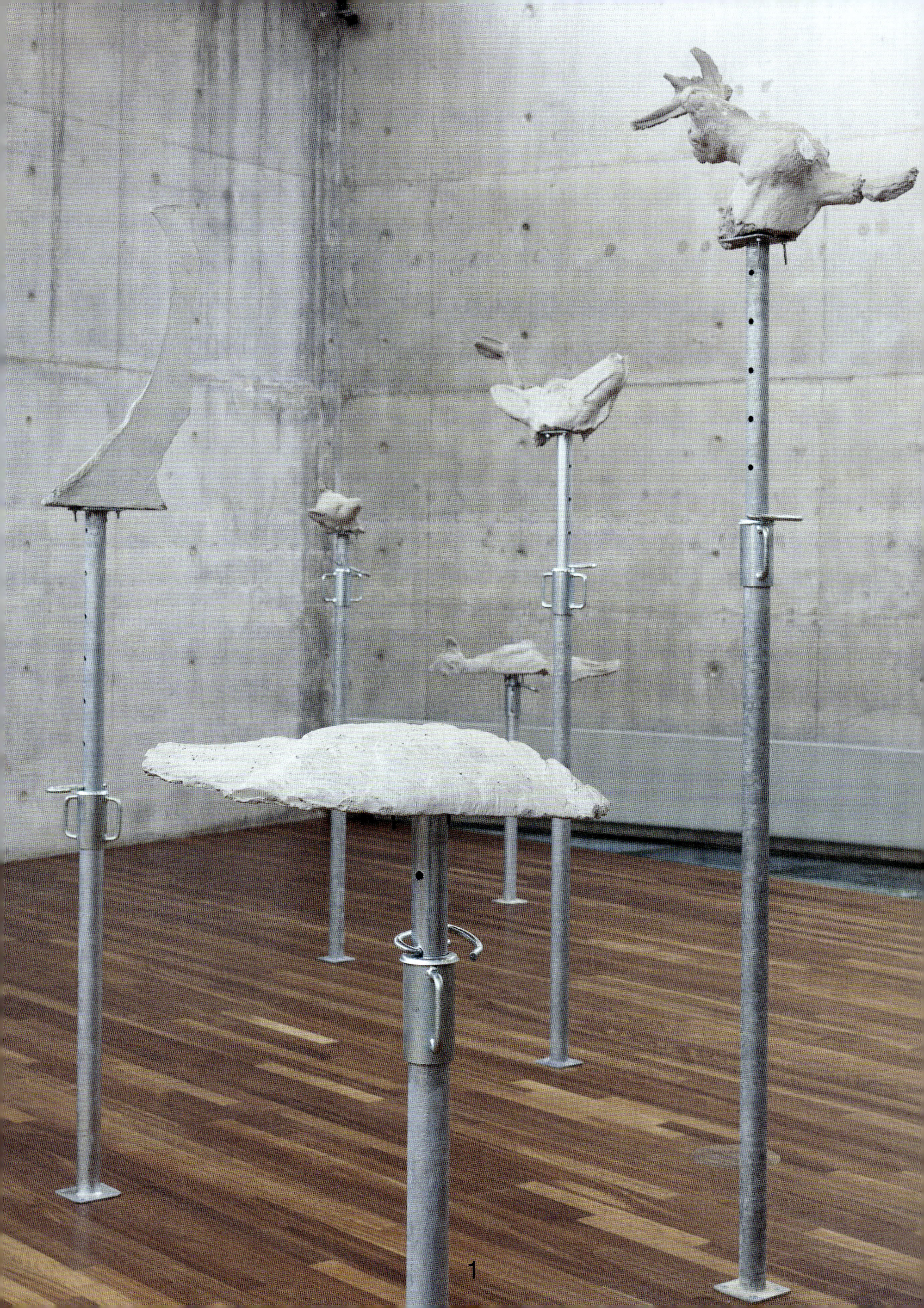

1

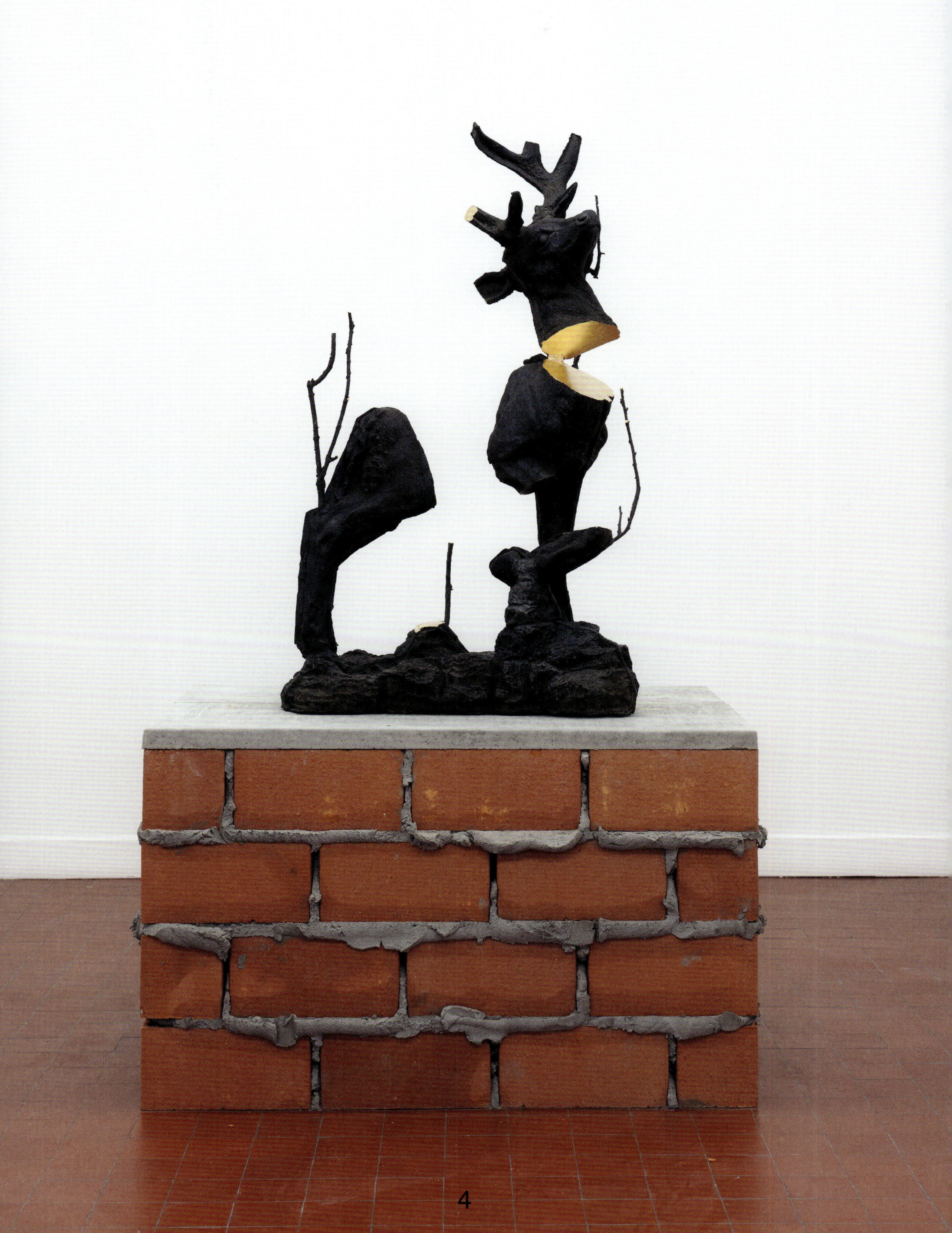

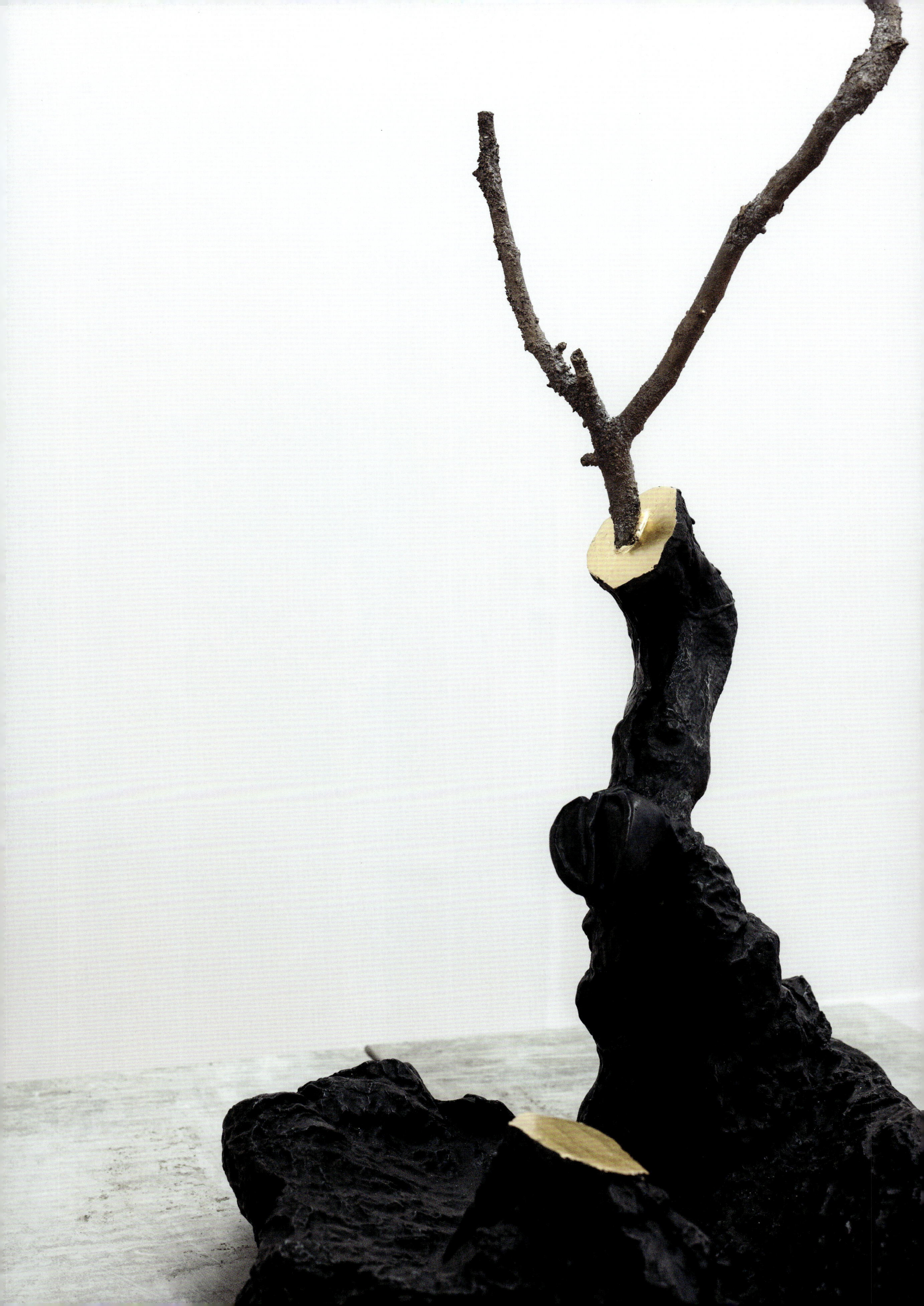

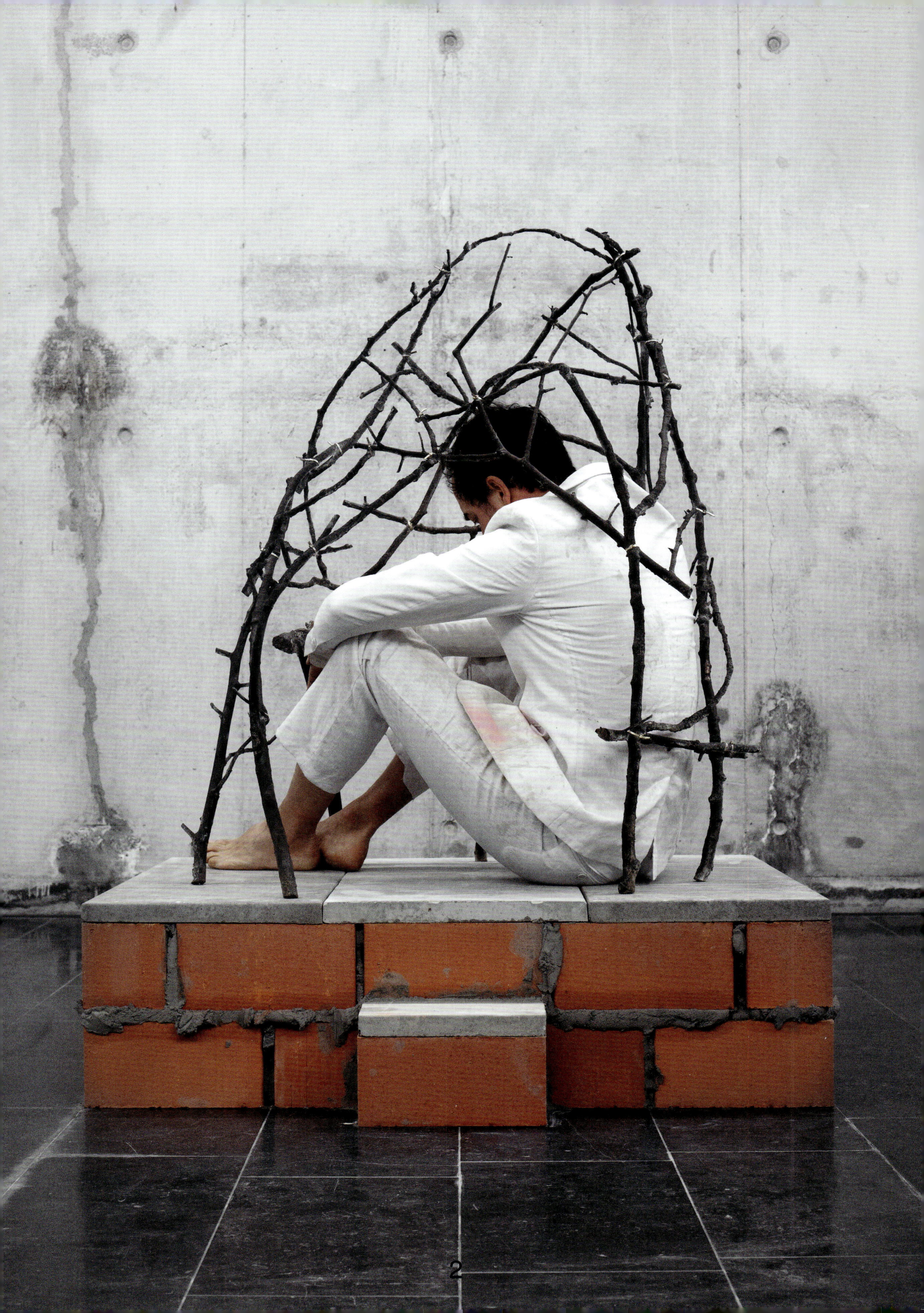

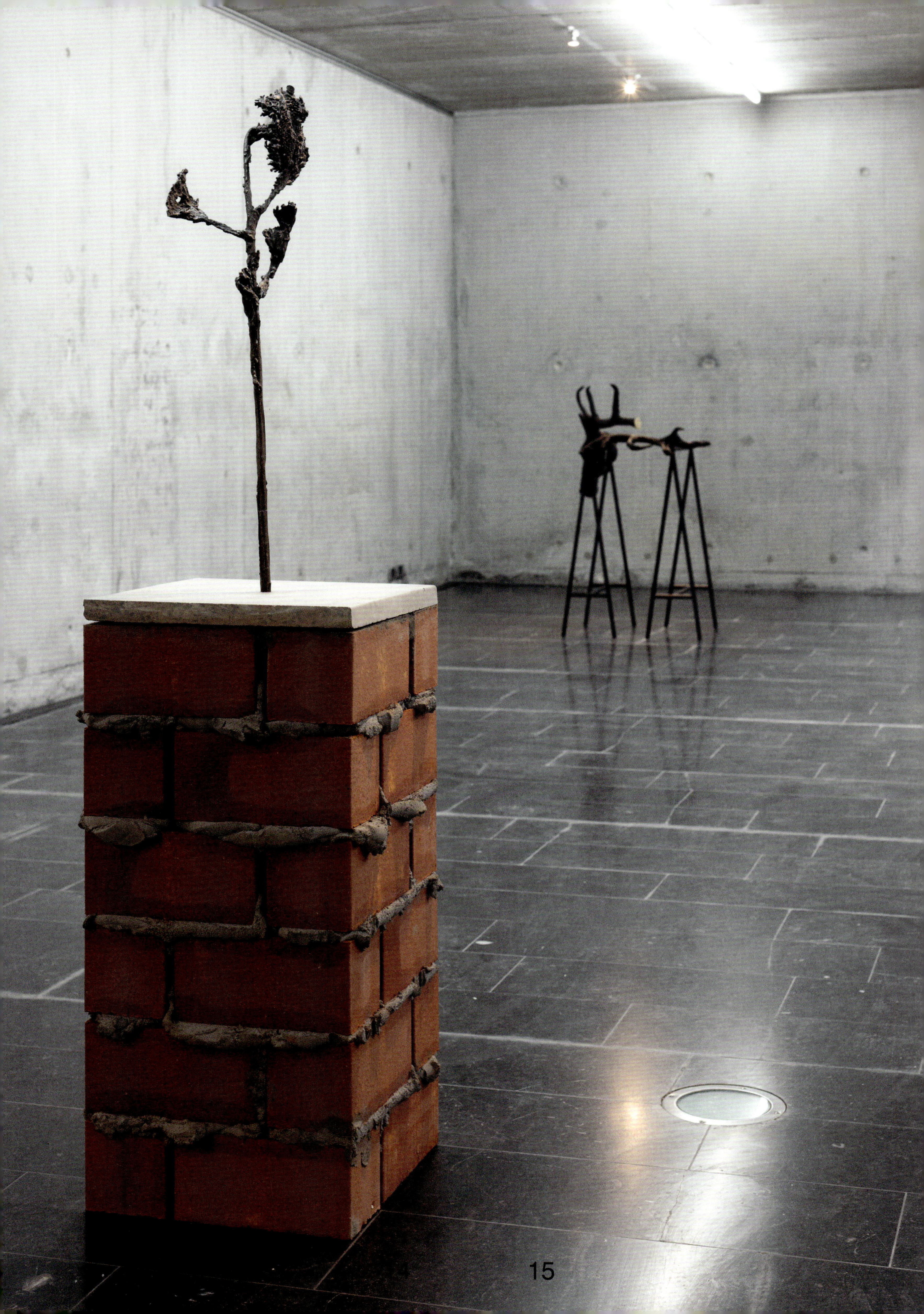

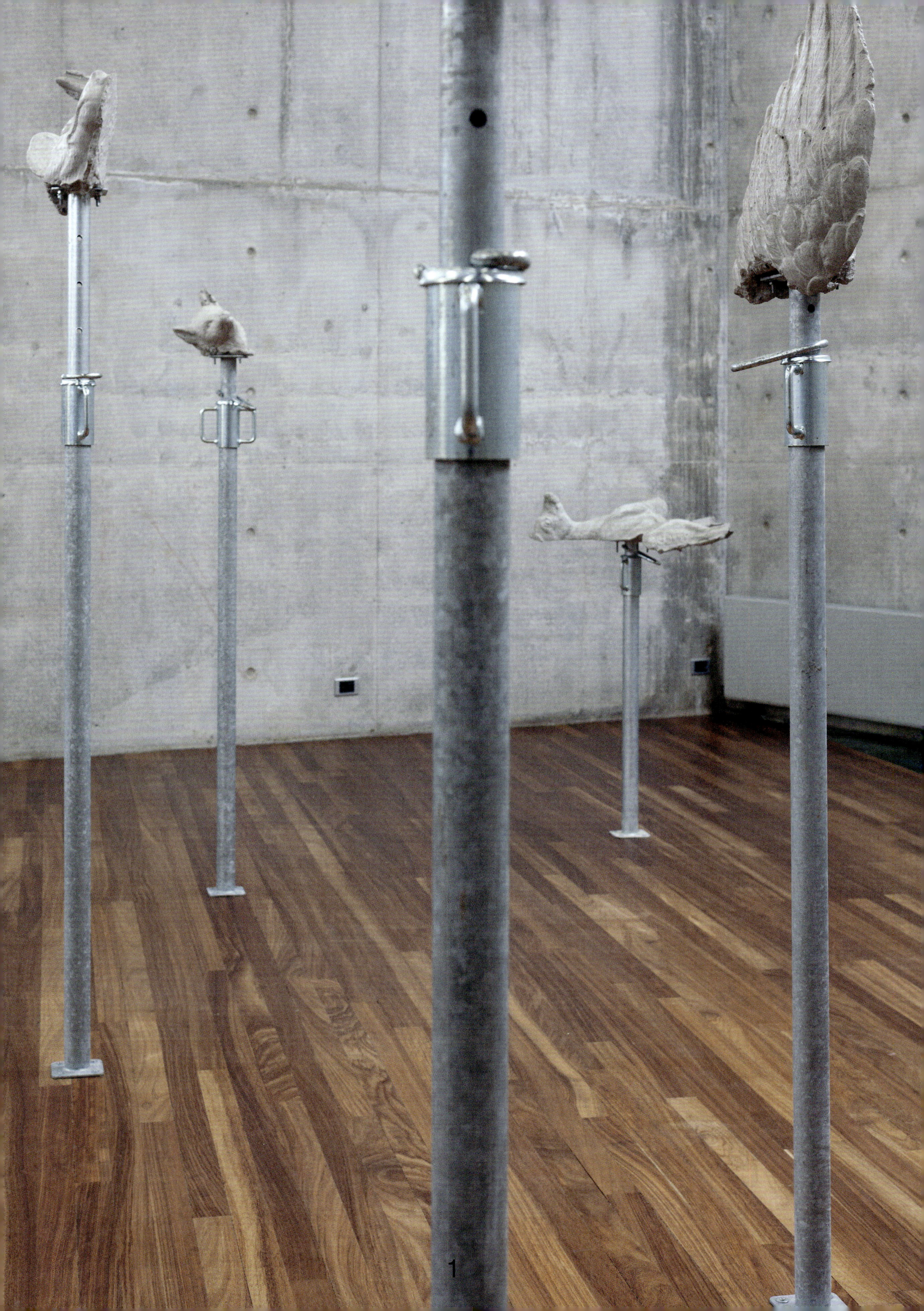

1

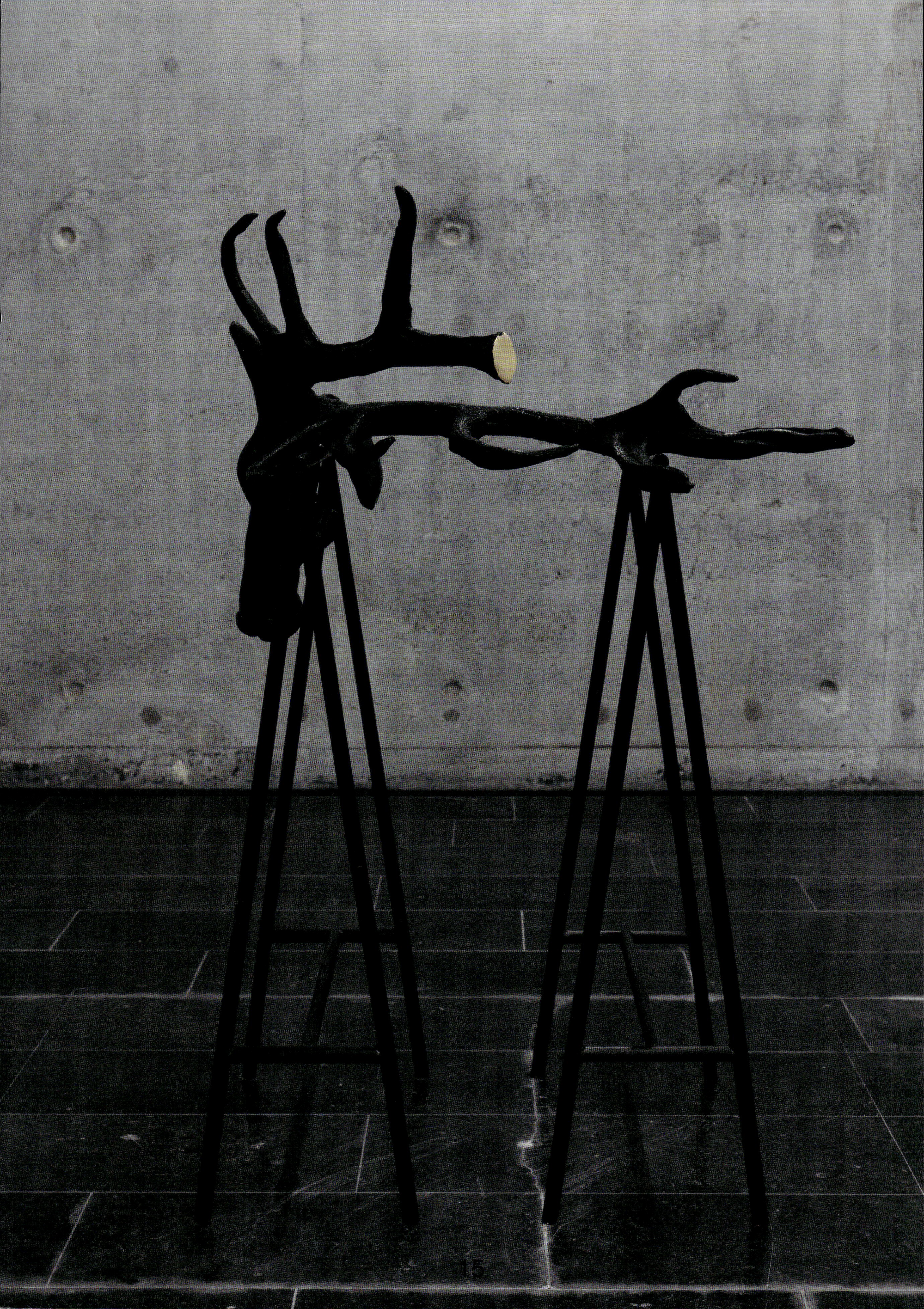

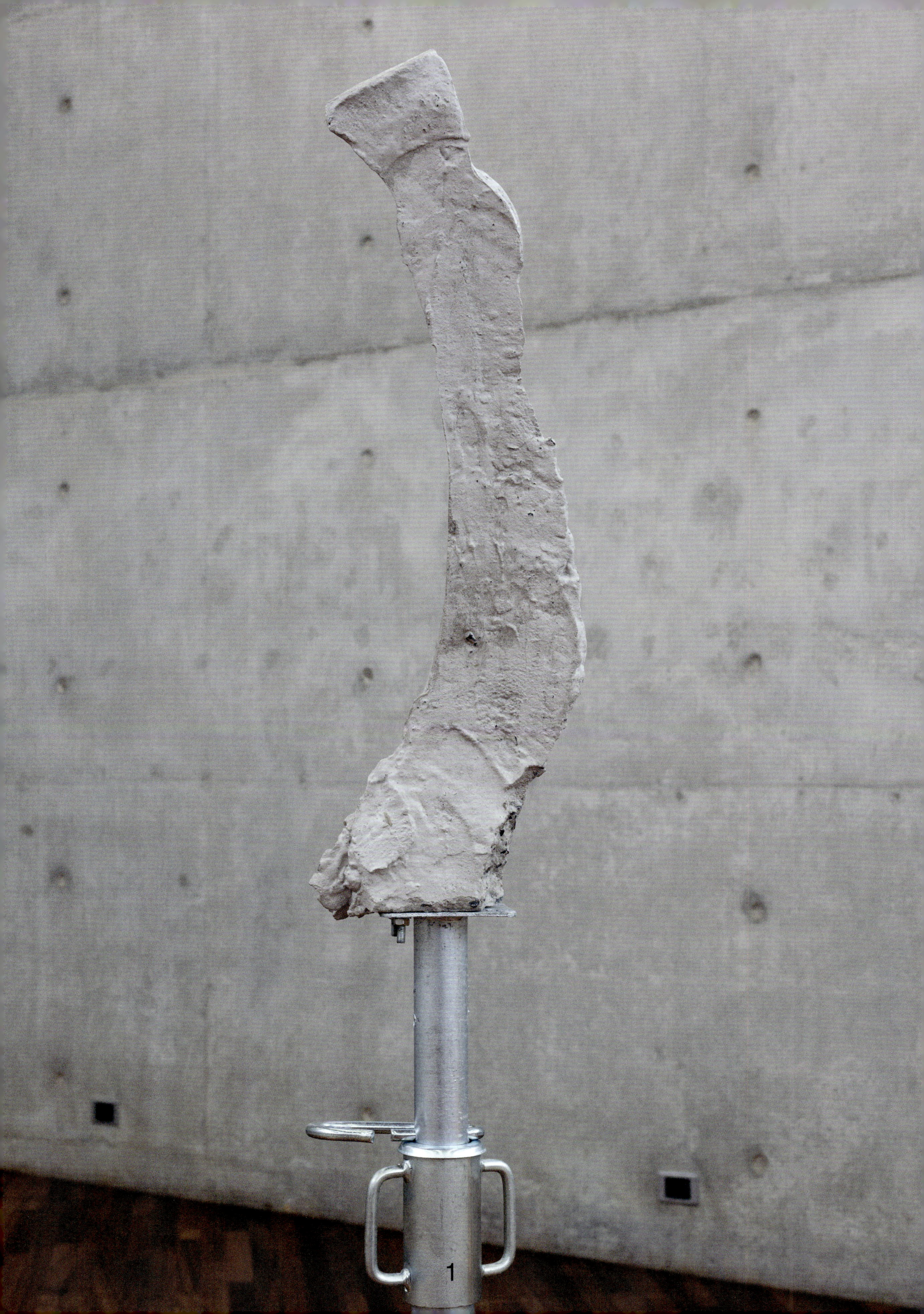
1

In oktober 2019 viert Be-Part, Platform voor actuele kunst zijn vijftiende verjaardag op de werkplek in Waregem: een villa uit 1947 annex een expositieruimte uit het begin van de jaren 1990. Het West-Vlaamse provinciebestuur had het gebouwencomplex in 2003 aangekocht; een gedurfde zet die (provinciaal) stof deed opwaaien. Zoals dat wel vaker gaat, werden de gebouwen eerder toevallig verworven. Een precieze invulling volgde achteraf. Ook de keuze om een kunstenplatform te laten opereren vanuit de periferie was niet echt doordacht. Maar er was meer. Hoewel het gebouw duidelijk potentieel had (en heeft), werd in die tijd het idee van een *white cube* uitvoerig gecelebreerd. Kunstenaars die hun werken in dit gebouwencomplex zouden tonen, wisten dat ze rekening moesten houden met de eigenheden van de architectuur. Een nuchtere en pragmatische generatie zou moeten opstaan: kunstenaars die bereid waren hun verhaal op de huid van het gebouw te schrijven. In 2004, tijdens de openingstentoonstelling *Schöner Wohnen*, vroeg curator Moritz Küng zich in de publicatie *De Spiegel van Foucault* (Marot – Tijdsbeeld) af 'op welke manier de autonome kunsten binnen deze nogal autoritair geregisseerde omgeving, waarin alles aan de architectuur onderhevig gemaakt wordt, op een vitale manier [kunnen] functioneren' (p. 65). Twee pagina's later vervolgt hij: 'de mijns inziens eerst niet optimale ruimtelijke omstandigheden van het huis ...'. De oplossing bestond er volgens Küng in aan de bestaande dramaturgie van het gebouw een tweede dramaturgische laag toe te voegen.

Het profiel van Be-Part werd omschreven als een platform voor actuele beeldende kunst, met creatie, artistiek onderzoek, ontmoeting en presentatie als sleutelwoorden. Be-Part zou functioneren volgens het model van een kunsthal. De kunsthal 'toont', in tegenstelling tot het museum dat verzamelt (en ook 'toont').

Bij de opstart in 2004 was het aantal galeries, musea en andere tentoonstellingsplekken dat zich het lot van jonge kunstenaars *(emerging artists)* aantrok eerder beperkt. Daar is ondertussen (en gelukkig) heel wat verandering in gekomen. Er is echter nog een lange weg af te leggen. Kunstenaars ontvangen geregeld uitnodigingen voor tentoonstellingen, maar vaak gaat dit samen met een onbestaand of erg bescheiden productiebudget. Over een honorarium wordt meestal gezwegen.

Be-Part (dat sinds 2018 naast zijn activiteiten in Waregem ook actief is in Kortrijk) neemt binnen de kunstscene in Vlaanderen een vrij unieke plaats in als productieplatform. Be-Part Waregem koppelt de luxe van een weliswaar dominante maar goed geëquipeerde ruimte aan een tentoonstellingsbudget dat ruimte maakt voor nieuwe producties en de kunstenaars (honor)eert.

Be-Part stelt de kunstenaar centraal. Niet het instituut, niet de directeur of de curator, maar wel de kunst(enaar) verdient onze focus. Kunstenaars tonen visie, zetten ons aan het denken en beïnvloeden onze kijk op de wereld.

Bij Be-Part hebben we vanuit onze passie ook altijd gezocht naar een zekere urgentie. Met elke tentoonstelling proberen we geschiedenis te schrijven. Ik stel vast dat tentoonstellingen, ook binnen het gesubsidieerde circuit, soms urgentie missen. De urgentie kan erin bestaan dat je zoekt naar een scharniermoment in de loopbaan van een kunstenaar of probeert dat kantelpunt zelf te realiseren door hem of haar een platform te bieden. Sommige kunstenaars hebben erg vroeg in hun loopbaan gebruikgemaakt van de mogelijkheden die ze in Be-Part kregen. Ik denk aan Mekhitar Garabedian (solo in 2006), Dennis Tyfus (solo in 2010), Rinus Van de Velde (solo in 2009) en Nel Aerts (in een groepstentoonstelling gecureerd door Sofie Van Loo) in 2013. Voor Pieter Vermeersch (in 2011), Ruben Bellinkx (in 2013), Charif Benhelima (in 2012), Sarah Westphal (in 2014) en Joris Van de Moortel (in 2015) betekende hun solo in Be-Part een belangrijk momentum. Dit zijn slechts enkele voorbeelden. De tentoonstelling van de Amerikaanse kunstenares Polly Apfelbaum in Be-Part in 2015 was een scharnierpunt in haar loopbaan en was medebepalend voor haar productie in de daaropvolgende jaren. De vloerinstallatie die zij toen voor Be-Part realiseerde, vormde in 2018 een belangrijk onderdeel van haar tentoonstelling in Belvedere 21 in Wenen, die haar recent financiële steun opleverde als genomineerde van de Creative Capital Award.

Deze urgentie voelde ik ook toen ik geconfronteerd werd met het werk dat Stief DeSmet voor Beaufort 2018 realiseerde op de Westelijke Strekdam in Oostende: *Monument for a Wullok*. Hoewel de sculptuur vier meter hoog is, heeft ze toch iets nederigs door de context (het werk is omgeven door de zee) en door de ruwheid van haar oppervlak, waarin de lasnaden zichtbaar zijn gebleven. De wulk overdonderde en charmeerde mij door zijn gebalde kracht, zijn imperfectie. Zoals zo vaak in zijn oeuvre vertrekt de kunstenaar hier van een bestaand beeld: de wulk, ook wel karakol genoemd. Een soort slak die in zee leeft, maar waarvan de populatie in de Noordzee de laatste tijd sterk achteruitgegaan is als gevolg van tinhoudende verf die vaak werd gebruikt voor schepen.

Monument for a Wullok is ondertussen een landmark in Oostende geworden, dat de inwoners en bezoekers van de stad koesteren. Groots, zonder protserigheid, zonder een overdreven neiging tot behaagzucht, zich overgevend aan de (wetten van de) natuur en precies daarom ook nederig.

Daar, op de Westelijke Strekdam, op een zonnige dag eind maart 2018, ontstond het idee om deze kunstenaar te koppelen aan de eigenzinnige architectuur van Be-Part. Schilderen of beeldhouwen vragen voor Stief DeSmet net dezelfde ingesteldheid, maar de relatie met de ruimte is wel enigszins verschillend. Zo is ook het werken in de publieke ruimte of in een cleane *white cube* verschillend van de grillige Be-Part-architectuur. Wat zou dat geven?

Tot slot, over ruimte en architectuur gesproken: in de tuin van Stief DeSmet, in Bachte-Maria-Leerne, staat een replica van de hut van Thoreau. Henry David Thoreau (1817-1862) trok zich in 1845 terug in een bos bij Walden, in de staat Massachusetts, waar hij twee jaar lang in bijna volstrekte eenzaamheid bleef wonen. Over die ervaring schreef hij *Walden*, dat in 1854 werd gepubliceerd. Dit experiment kan worden gezien als een oefening in authentiek leven, een hunkering naar de natuur. Eenzelfde verlangen is ook DeSmet niet vreemd. De hut in zijn tuin is een plek waar hij leest bij kaarslicht en naar de vogels en de wolken kijkt. Want de keuze van de kunstenaar om vanuit de periferie te werken is een bewuste stap geweest. De hut van Thoreau, versie Bachte-Maria-Leerne, vormt op geregelde tijdstippen ook de reflectieplek waar enkele bevriende kunstenaars / gelijkgestemde zielen elkaar ontmoeten in de *Société de la Cabane*. Wat hen bindt, is een gedeelde passie voor kunst.

EN

In October 2019, Be-Part celebrates the fifteenth anniversary of its home in Waregem: a villa dating from 1947 with an exhibition space that was built in the 1990s. The Provincial Government of West Flanders had purchased the building complex in 2003; a bold but somewhat controversial move (at least within the province). As is so often the case, the buildings were a chance acquisition. There was no advance planning (the detail would follow later). Nor had much thought been given to the idea of allowing an arts platform to operate within the urban periphery. But this was not all. While the building clearly had (and retains) potential, the art world at the time still cherished the idea of the 'white cube' gallery space. Artists exhibiting at Be-Part, however, would have to contend with the specificities of the architecture. A down-to-earth and pragmatic generation was needed: artists who were prepared to inscribe their stories onto the skin of the building.

On the occasion of the inaugural exhibition *Schöner Wohnen* (2004), the curator Moritz Küng queried 'how the autonomous arts can function in a vital way within this rather authoritarian and directed environment, in which everything is subservient to the architecture'.[1] He went on to say: 'and in what I believe to be the suboptimal spatial conditions of the house ...'.[2] Küng's solution was to add a second dramaturgical layer to that which already existed. Be-Part's profile was defined as a platform for contemporary art, with creation, artistic research, meeting and presentation as the keywords. In contrast to a museum, which both 'collects' and 'shows', Be-Part would function according to the model of the *Kunsthalle*, or exhibition space, which only 'shows'.

In early 2004, the number of galleries, museums and other exhibition spaces focusing on the development of young artists (or 'emerging artists' as they are often called) was still limited. The situation is very different today (fortunately), but there is still a long way to go. Artists are regularly invited to show their work, but these requests are often accompanied by a non-existent or meagre production budget. Fees are hardly ever mentioned. Be-Part (which has been operating in both Kortrijk and Waregem since 2018) occupies a fairly unique position as a production platform within Flanders' art scene. Be-Part Waregem combines the luxury of having a distinctive but well-equipped space and an exhibition budget that allows for new productions. It not only honours its artists, but also provides an honorarium.

Be-Part focuses on the artist. It is not the institution, the director or the curator, but the art (or artist) that deserves the attention. Artists are possessed of a vision, they challenge us to think and, in so doing, influence our view of the world. At Be-Part, we have always trusted our instincts and sought work that displays a certain urgency. We try to write history with every exhibition. I'm mindful of the fact that many exhibitions, even within the state-subsidised sector, often lack this quality. The urgency might stem from the need to show a pivotal moment in an artist's career or, on the other hand, to try and bring that moment to fruition by offering him or her a platform. A number of artists have utilised the possibilities offered by Be-Part at early stages in their careers. I am thinking of Mekhitar Garabedian (solo exhibition, 2006), Dennis Tyfus (solo exhibition, 2010), Rinus Van de Velde (solo exhibition, 2009) and Nel Aerts (part of a group exhibition curated by Sofie Van Loo, 2013). For Pieter Vermeersch (in 2011), Ruben Bellinkx (in 2013), Charif Benhelima (in 2012), Sarah Westphal (in 2014) and Joris Van de Moortel (in 2015), their solo exhibitions at Be-Part added vital momentum to their careers. These are but a few examples. American artist Polly Apfelbaum's exhibition at Be-Part in 2015 marked a turning point in her career and influenced her production over the course of the next few years. The floor-based installation that she realised for Be-Part became an important part of her exhibition at Belvedere 21 in Vienna in 2018, for which she was awarded a grant as the winner of the Creative Capital Award.

I also felt this urgency when I was confronted with the work that Stief DeSmet realised for Beaufort 2018 at the Westelijke Strekdam (West Pier) in Ostend: *Monument for a Wullok*. Although the sculpture is four metres high, both the context (the work is surrounded by the sea) and the roughness of its surface, in which the welds have remained visible, lend it an air of humility. I was overwhelmed and beguiled by the latent power and imperfection of the work. As is often the case, DeSmet began with an existing image of a whelk (a 'wullok' or 'karakol' in Dutch): a type of small sea snail common to the North Sea but whose population has been decimated due to high levels of tin in shipbuilding paint. *Monument for a Wullok* has since become a landmark in Ostend, one that is cherished by both the inhabitants of the city and its visitors. Monumental, discreet, without any exaggerated tendency towards coquetry, surrendering to (the laws of) nature and, therefore, possessed of humility. There, on the Westelijke Strekdam, on a sunny day at the end of March 2018, the idea arose to link this artist to Be-Part's idiosyncratic architecture. While Stief DeSmet takes the same approach to both painting or sculpting, the relationship with space is somewhat different. Working in the public space or showing in a pristine white cube are completely different propositions to creating an exhibition within the idiosyncratic architecture of Be-Part. What would it yield?

Finally, on the subject of space and architecture: a replica of Thoreau's hut sits in Stief DeSmet's garden in Bachte-Maria-Leerne. In 1845, Henry David Thoreau (1817-1862) retreated to a forest near Walden Pond, Massachusetts, where he lived for two years in almost complete solitude. His experiences are chronicled in Walden, which was published in 1854. This experiment can be seen as an exercise in authentic living, a hankering after nature. DeSmet is not unfamiliar with this sense of longing. His garden hut is a place where he reads by candlelight, watches the birds and stares at the clouds. For the artist has made a conscious decision to work on the periphery. The Thoreau hut, in its Bachte-Maria-Leerne incarnation, is also a place where like-minded friends and fellow artists regularly congregate. They call themselves the Société de la Cabane (The Cabin Society). What unites them is a shared passion for art.

Patrick Ronse
Coördinator Be-Part Platform voor
actuele kunst

1 *De Spiegel by Foucault*, Brussels, Marot – Tijdsbeeld (2004), p. 65.
2 Idem.